رحلة

للمهاجرين

من خلال

الكتاب المقدس

في الطريق ....

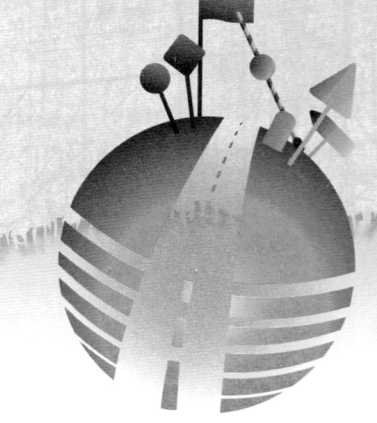

هذا الكتيب تم انتاجه بواسطة جمعية الكتاب المقدس الفرنسية، بالتعاون مع جماعة من المهاجرين.

فكرة وتحرير: كزافييه اندرياميانتسو، برنار كويوُ، روث آني مامبم، ايفون موساسانجو، السيبيس شيرر، انطوان شولتز.

شكر خاص لجميع المساهمين من النمسا وبريطانيا وفرنسا والمغرب، الذين ساعدوا في اختيار مقاطع وأسئلة من الكتاب المقدس، وشاركوا شهاداتهم وصلواتهم، وقدمّوا الاقتراحات والتصحيحات الواجبة.

أعمال فنية: داميان بازل مونتيه، فرنسا، وبمساعدة فلوران ليجورن.

تمت الترجمة إلى العربية بواسطة كريستين حلمي تحت إشراف جمعية الكتاب المقدس بالجزائر.

الصور من موقع داميان بازل، شارل دانيال مير، كريستوف نامبو، جمعيات الكتاب المقدس المتحدة

المقاطع مقتبسة من الكتاب المقدس، من الترجمة العربية المشتركة. وقد استخدمت بعد الحصول على إذن..

ISBN 978-2-85300-959-1
SB9056AB (Arabic)

يَحرُسُكَ الرّبُّ مِنْ كُلِّ سُوءٍ. يَحرُسُ
الرّبُّ نفْسَكَ. يَحرُسُها في رَواحِك
ومَجيئِكَ. مِنَ الآنَ وإلى الأَبدِ.

مزمور 121: 7–8

فهرس

المقدمة

ما هو الكتاب المقدس؟

إنّ الكتاب المُقدّس يُعدُّ مثل مكتبة، فهو يحتوى على العديد من الكتب التي كُتبت خلال فترة زمنيّة تزيد عن 1000 سنة ثم وضعت هذه الكتب معًا لتكوّن في النهاية كتابًا واحدًا.

في الكتاب المُقدّس أنت ستجد القصص، والشرائع، والأشعار، والرسائل، والصلوات، وما هو أكثر من ذلك. إنّ كاتبي الكتاب عاشوا في أزمان مختلفة وكانوا ينتمون لثقافات مُختلفة.

وبالرُغم من أنّ الكتاب قد كُتب بشعب إسرائيل القديم، إلاّ أنه لا ينتمي لأيّ جماعة بعينها، بل على العكس من ذلك، فهو كنز للبشريّة جمعاء.

إنّ الكثير من القصص المدوّنة في الكتاب المُقدّس كتبها أناسًا منفيّين. وهؤلاء أخبروا كيف أنّ الله كان معهم من خلال هذه التجربة بالذات.

لماذا نقرأ الكتاب المُقدّس؟

اختبر المؤمنون كيف أنّ الله يكلمهم من خلال الكتاب. وقراءة الكتاب تُساعدنا أن نقترب لله، فضلاً عن أنّها تُساعدنا لنعيش حياة أفضل. ونحن من خلال قراءتنا للكتاب المُقدّس نتعلم أيضًا عن حياة المسيح وتعاليمه المدونة في الجزء الثاني من الكتاب المُقدّس والمسمى «العهد الجديد».

وحتى من دون أن يكون الإنسان مؤمنًا، فإنّه يمكن أن يجد في قصص الكتاب المقدس أوضاعًا تتشابه مع أوضاعه، أو أناسًا تشابه خبراتهم ومواقفهم الشخصيّة معه، وبهذه الطريقة فإنّ هذه الأجزاء الكتابيّة يُمكن أن تحمل لنا تشجيعًا وإرشادًا في طريقة تفكيرنا وسلوكيّاتنا.

كيف يمكن استخدام هذا الكتيب؟

إنّ هذا الكُتيّب ليس بديلاً عن الكتاب المقدس! إنّه يُقدّم لك بعض المقاطع الكتابيّة المُختارة من الكتاب المقدس. وهذه المقاطع تقدّم لنا خبرات بعض الرجال والنساء الذين تركوا بلادهم باحثين عن مكان آخر ليعيشوا فيه.

إنّ الفصول السبعة ــ في هذا الكُتيّب ــ تتوافق مع مراحل مختلفة من الرحلة، إلى أن يستقر المُسافر في بلد جديد. ويتضمّن كل فصل عدّة مقاطع للقراءة والتفكير فيها. وبغرض مساعدة القارئ على فهم كل مقطع، فإنّ هناك مقدمة، تليها أسئلة واقتراحات: 1° **للتفكير** في معنى المقطع، 2° **لمناقشة** التطبيقات المُمكنة للمقطع، 3° **للصلاة** باستخدام جملة (أو آية أو آيتين) من المقطع، و4° **للتقدُّم لخطوة أعمق** عن طريق المزيد من القراءة في الكتاب المقدس. إنّ هذه المقاطع والأسئلة يُمكنك دراستها بمفردك، أو من الأفضل أن تُدرس من خلال المُناقشة مع الآخرين.

ومن خلال اتباع كل خطوة من الخطوات، سوف يكتشف القارئ أيضًا أنّ بعض الشهادات والصلوات التي شارك بها آخرون من أماكن مختلفة، حتمًا تعكس رحلته هو (أو رحلتها هي) الخاصّة. إنّهم إذ يُشاركون قصصهم، فإنّهم يُصرّحون عن شكوكهم ومعاناتهم، ويُؤكّدون كذلك إيمانهم ورجاءهم.

إنّ هذا الكُتيّب، أعدّته جمعيات الكتاب المُقدّس، وقد تُرجم إلى عدّة لُغات، وقد تمّ تطويره بالتعاوُن مع مجموعة من الأشخاص المُهاجرين. إنّ هذه المقاطع والصلوات — الموجودة فيه — تم إعدادها بواسطة أُناس كثيرين وجدوا مشورة وراحة وأملاً، وهي تحمل كذلك دعوة لك لكيما تتبنى ــ أنت أيضًا ــ مفهومًا مختلفًا في الحياة، ولكي ما تكتشف أنّ الله ليس بعيدًا عن كلّ واحد منّا.

«ولا تَخدُمُه أيد بَشَريَّةٌ، كما لو كانَ يَحتاجُ إلى شيء، لأنَّهُ هوَ الّذي يُعطي البشَرَ كُلَّهُمُ الحياةَ ونَسمةَ الحياةِ وكُلَّ شيءٍ. خلَقَ البشَرَ كُلَّهُم مِنْ أصلٍ واحد، وأسكنَهُم على وجهِ الأرضِ كُلِّها، ووَقَّتَ لهُمُ الأزمنَةَ وحَدَّدَ لسكناهُمُ الأماكِنَ، حتّى يَطلُبوهُ لعَلَّهُم يَتَلَمَّسونَهُ فيَجدوهُ، وهوَ غيرُ بَعيد عَنْ كُلِّ واحدٍ مِنّا فنحنُ فيهِ نَحيا ونتَحَرَّكُ ونوجَدُ، كما قالَ أحدُهُم. ونحنُ أيضًا أبناؤُهُ، كما قالَ شاعِرٌ آخَرُ مِنْ شُعَرائِكم» (أعمال الرسل 17 :25–28)

إن كنت تريد أن تتعلّم أكثر، نحن نُشجّعك أن تحصل على كتاب مقدس كامل وتقرأه.....

لماذا الرحيل ؟

من الصعب عليك أن تترك بلدك وأولئك الذين تحبهم وأنت لا تعلم ماذا ينتظرك مُستقبلاً! إذًا لماذا الرحيل؟

لقد أخبرنا الكتاب المقدس عن قصص عديدة لأناس ذهبوا بعيدًا عن مسقط رأسهم (موطنهم الأصليّ). بعضهم ترك وطنه بمحض إرادته مثل إبراهيم الذي دعاه الله، بينما الآخرون كانوا قد عُوقبوا بهذه الطريقة أو حُملوا قسرًا نحو البُعد عن الوطن بينما آخرون اضطرُّوا على الفرار لأنّهم تعرّضوا للتهديد أو لأنّ حياتهم كانت صعبة جدًّا. وفي كثير من الأحيان رحل البعض مُجبرين على ذلك بسبب أنّ وضعهم كان صعبًا، آملين أن يجدوا حياة أفضل في مكان آخر.

وبين ما قد تركوه ورائهم وما يأملون في تحقيقه، كان الطريق الذي يُفتح أمامهُم مليئًا بالتجارب والأفراح والإحباطات. إنّ جاذبيّة المدن الكبرى وثرواتها دائمًا ما تكون جاذبيّة قويّة : لذلك فإنّ أنبياء الكتاب المُقدّس حذّروا من أنّ هذا الجذب يُمكن أن يكون خادعًا أو حتّى خطرًا.

في عمر السادسة، تركت الصين وأتيت إلى فرنسا مع شقيقي وعمي. لقد كانت منحة لنا لجمع شمل الأسرة. كان والديَّ قد غادرا الصين قبل ذلك الوقت بأربعة سنوات، وقد كان اتصالنا بهما خلال هذا الوقت محدودًا جدًّا من خلال تبادلنا لبعض الصور الفوتغرافيّة فقط. لقد شعرت وقتها كأنني يتيم. وعندما سألت بعض الأسئلة، كانت عائلتي تقول لي: «والداك قد ذهبا للعمل في الغرب».

كانت الحقيقة هي أنهما قد غامرا بكل شيء عندما أتيا إلى دولة لم يكونا يعرفان عنها أيّ شيء، لا لسبب إلاّ لأنّ الرواتب هناك كانت عشرة أضعاف مثيلاتها في الصين مقابل القيام بنفس العمل، أو هذا هو ما قد قيل لهما وقتها! لقد جذب ذهب (ثروات) الغرب آلاف البشر الذين تعبوا من العمل مقابل لا شيء تقريبًا.

لكن سرعان ما أدرك والدايّ أنهما كانا قد خُدعا. لقد عملا بكل اجتهاد في شركة لتصميم الأزياء، وكان راتبهما يتم تحديده بناء على عدد قطع الملابس التي ينتجانها. لقد كان حاجز اللغة عائقًا جعل أمورًا مثل التواصُل، والتنقُّل من مكان لآخر، وملء الوثائق الرسميّة..... إلخ، أمورًا صعبة عليهما.

ولكن بالرغم من كل المشاكل، فإن والديَّ ثابرا بدافع الكبرياء. فالعودة إلى ديارهما خاليًا الوفاض كنت من شأنها أن تجعلهما يشعران بأنهما فاشلان. وفي نفس الوقت، لقد كانا قد تقدما بالفعل بطلب رسميّ لجمع شمل أسرتهما.

لقد غيَّر الحلم والوهم حياة جيلين كاملين. لكنّ الله بارك عائلتنا. لقد كنت في أرض غريبة، بعيدًا جدًّا عن موطني، عندما قابلت مخلصي وربي.

ينج الصين

لم أخطط لرحيلي. لم يسبق لي حتى التفكير في المغادرة....... في مساء ذلك الأربعاء لم أكن أستطيع تخيل أنني لن أقضي الليل في بيتي. لكن تلك الأصوات دوَّت في رأسي بوضوح: «ارحل ! يجب ان ترحل إن كنت تريد أن تبقى حيًّا» كنت قادرًا على سماع صوت ززززززززز وصوت صرخات آدمية. شعرت كما لو كنت قد فقدت في البحر والريح تهب ناحيتي من كل الاتجاهات. سألت نفسي: «ما الذي يجب عليَّ أخذه معي، وما الذي يجب على تركه ورائي؟» حينئذ نظرت إلى الأطفال الأربعة الصغار الذين كانوا ينظروا تجاهي وعندها أدركت انه لديَّ ما يكفي لحمله. لهذا فقد حملت معي جواز سفري فقط.

إلى أين يجب ان أذهب ؟ أنا فقط اتبعت اللاجئين الآخرين: جنوبًا، ثم ناحية الجنوب الشرقي، ثم تجاه الغرب.

سرعان ما طُلبت منا وثائقنا الرسمية. لم يكن رجال الجمارك يتحدّثون لغتنا، وقد صدمني فجأة أنني كنت بالفعل قد صرت خارج بلدي. لم تكن لديَّ أيّة خطط ولا رؤى مستقبلية. كنت وكأن طريق قد أُعّد لي بالفعل. لكنه كان طريقًا صعب العبور لأنني لم أكن قد اجتزت موقفًا كهذا. فأنا الآن أجنبي في أرض غريبة.

كان الناس في هذا البلد يشبهون قومي، لكنهم لم يكونوا ودودين ولم يرحبوا بي، لهذا فلقد رحلت وذهبت تجاه الشرق. هناك كنت قادرة على استرداد قوتي قبل أن أرحل من جديد. في هذه المرة فإنّ ذهابي سيكون لمكان أبعد بكثير...... ذهبت حتى التقيت بأناس مختلفين عن قومي، إن كانوا يشبهونهم. وها أنا ما زلت أعيش هناك حتى اليوم.

وهكذا فإن هذه هي قصة تركي لمنزلي وعائلتي – حتى زوجي الذي يعتبر عظمًا من عظامي، بدون أن أعرف ماذا حدث له، أو حتى أي طريق كان قد إتخذه للهروب. لكني أصلي وآمل أن تتلاقى طرقنا مرة أخرى ذات يوم.

إيفون، رواندا

لماذا

مصير مجهول

1 التكوين 12:1-5

• ان إبراهيم – الذي كان يُدعى قبلاً أبرام – يُنظر إليه على أنّه أبو المؤمنين جميعًا. وفي أحد الأيّام سمع إبراهيم دعوة من الله ليترك وطنه ليرحل إلى أرض غير معروفة. كانت هذه الدعوة هي بداية رحلة طويلة من خلالها سيتعلّم إبراهيم كيف يسمع صوت الله وكيف يثق به.

قال الرب لأبرام: اترك أرضك وعشيرتك، وأقاربك، واذهب إلى الأرض التي أريك إيّاها. سأباركك وسأُصيّرك أُمّة عظيمة. سأُعظّم اسمك وستكون بركة للآخرين. سأبارك مُباركيك، وسألعن لاعنيك. وكل من على الأرض سيُبارك بسببك.

كان أبرام ابن خمس وسبعين سنة عندما كلّمه الرب ليترك مدينة حاران. وأطاع أبرام الله وترك المدينة مع زوجته سارة وابن أخيه لوط، وجميع المُمتلكات التي كانت له في حاران والعبيد أيضًا. الجميع أتوا إلى أرض كنعان.

فكّر في.........

• لماذا رحل إبراهيم ؟
• ماذا كانت وعود الله له؟
• ما الذي تركه وراءه وما الذي أخذه معه؟

ناقش

• هل تعتقد أنّ الله قد دعاك للرحيل (أم أنك قد أجبرت قسرًا على الرحيل)؟
• ماذا تعني لنا تلك الوعود التي أعطاها الله لإبراهيم تجاه الأرض غير المعروفة التي أرسله إليها؟

صلّ، مستخدمًا عدد 2

• «فَأجعَلَكَ أُمَّةً عظيمةً وأُبارِكَكَ وأُعَظِّمَ اَسمَكَ وتكونَ بَركَةً» عندما نتقدم نحو المجهول، بركة الله تتقدم معنا.

تقدّم خطوة أعمق

• اقرأ التكوين من أصحاح 12 حتّى أصحاح 25
انظر أيضًا المقطعين 9 و18 في هذا الكتيّب.

الرحيل؟

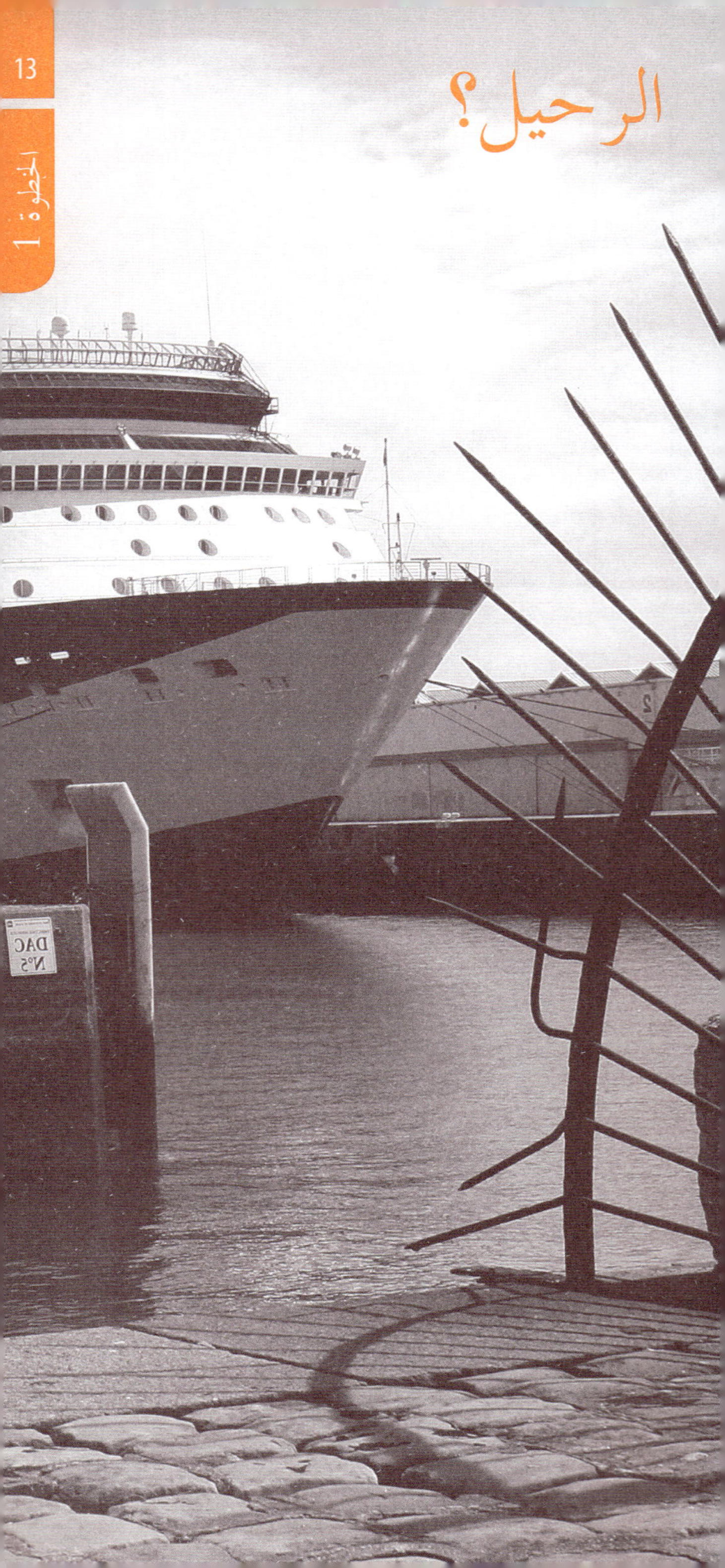

فكّر في.........

• صف الظروف التي تسبّبت في أن يكون يوسف منفيًا في مصر.
• هل اختار يوسغ الرحيل؟

ناقش

• كيف يمكن أن تتصرف نحس عندما نختبر الكراهية والغيرة من القريبين منّا؟
• هل قصّة يوسف تُذكّرك بقصص تعرفها حدثت في دائرة معارفك؟

صلّ، مُستخدمًا عدد 42

«وأخذوه وطَرَحوهُ في البئر، وكانَتِ البئرُ فارِغَةً لا ماءَ فيها».
عندما أشعر كأنّي أرقد في أعماق بئر، وحتّى لو استمرّت مشاكلي، فإن الله لن ينساني: لدا فأنا أستطيع أن أصرخ له!

تقدّم خُطوة أعمق

• اقرأ التكوين من أصحاح 37 حتّى أصحاح 50
«الشَّرُّ الذي أردتُموه لي أرادَهُ اللهُ خيراً كما ترونَ، لِيُنقِذَ حياةَ كثيرٍ مِنَ النّاسِ.(التكوين 50: 20)

انظر أيضاً المقطعين 26 و28 في هذا الكتيب.

الرحيل؟

خيانة من عائلته

عندما أتى يوسف إليهم جذبوه ونزعوا عنه قميصه الملون ثم رموه في بئر جاف. وبينما هم جالسون ليأكلوا، أبصروا قافلة من الإسماعيليين آتية من جلعاد. وكانت جمال الإسماعيلين مُحمّلة صمغًا وبلسمًا ومرًّا، التي كانوا سيأخذونها لمصر. قال يهوذا: «ما الذي سنستفيده لو قتلنا أخانا وو ارينا جسده التراب؟ لنبيعه للإسماعيليين فلا يُضَر. فهو على أيّ الأحوال أخونا». ووافق إخوته الآخرون على اقتراحه.

وعندما وصل التجار المديانيّون (الإسماعيليون)، أخرج الأشقّاء يوسف من البئر وباعوه للإسماعيليين بعشرين من الفضة، فأخذه الاسماعيليُّون، إلى مصر.

2 التكوين 37 : 23 – 28

- كان يوسف هو الابن الثاني الأصغر لأبيه يعقوب، وكانت له الأفضليّة عن بقية أخوته. وفي أحد الأيام قرّر أخوته الغيورين التخلُّص منه، عندما قابلوه في المكان الذي كانوا يرعون فيه الأغنام.

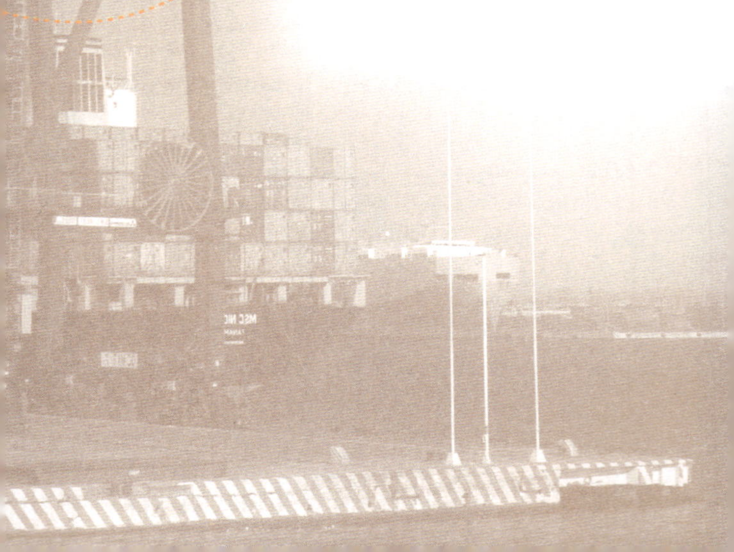

لماذا

3 متى 2 : 13 - 18

• في السنين المُبكّرة من حياة يسوع، زار أبويه رجال حكماء يسمَّوا المجوس وقد أتوا من الشرق ليُقدّموا العبادة لملك اليهود الذي وُلد. ولقد أرعبت هذه الأخبار الملك هيروس الذي كان قد خاف على عرشه، فقرّر القضاء على أيّ مُنافس مُحتمل له على العرش

تهديد بالقتل

وبعد ذهاب المجوس، ظهر ملاك من عند الرب ليوسف في حلم وقال له: «قُم، أسرع وخُذ الصبيّ وأمه واذهب إلى مصر! وأقم فيها حتّى أقول لك متى تعود، لأنّ هيرودس يبحث عن الصبي ويريد أن يقتله».

في هذه الليلة، استيقظ يوسف وأخذ زوجته والصبي ونزل إلى مصر، وأقام فيها إلى أن مات هيرودس، ليتحقّق وعد الرب الذي أعلنه بلسان النبـــي: «مِنْ مِصْرَ دَعَوْتُ ابَني».

فلمّا رأى هيرودس أنّ المجوس الذين من الشرق استهزأوا به، غضب جدًّا وأمر بقتل كُلّ الأولاد الذين يعيشون في بيت لحم وما يجاورها. من عمرابن سنتين فما دون. كان هذا على حسب الوقت الذي تحقّقه من المجوس، فتم وعد الرب الذي قاله النبـــي إرميا: «صُراخٌ سُمِعَ في الرامَة، بُكاءٌ ونَحيبٌ كثيرٌ، راحيلُ تَبكي على أولادِها ولا تُريدُ أنْ تَتعزّى. لأنَّهُم زالوا عَنِ الوجود».

فكّر في........

- **لماذا هرب يوسف ومريم ويسوع إلى مصر؟**
- **هل اختاروا الرحيل؟**
- **ماذا يحدث لهؤلاء الذين يبقون في المكان دون أن يرحلوا؟**
- **بأيّ طريقة كان حضور الله واضحًا في هذه القصة؟ وماذا عن يسوع؟**

ناقش

- **هل تعتقد أنّ الله سمح لك بالرحيل، سواء بمُفردك أو مع عائلتك؟**
- **هل الله يتكلّم من خلال الأحلام؟**
- **هل يُذكّرك أمر قتل هيرودس للأطفال ومثال الأم التي تصرخ وتبكي، بأحداث تعرف عنها ؟**

صلّ، مُستخدمًا عدد 41

« فقامَ يوسفُ وأخذَ الطِّفْلَ وأُمَّهُ ليلاً ورحَلَ إلى مِصْرَ.»

الله يفتح طريقًا، وهذا هو ما يُعطينا سببًا للرجاء.

تقدّم خُطوة أعمق

- **اقرأ متّى أصحاحي 1، 2**

الرحيل؟

الفقر والجوع

في الفترة التي سبقت حُكم الملوك لبني إسرائيل، كان هناك رجل اسمه أليمالك من قبيلة أفراتة، وكان أليمالك يعيش في بيت لحم. واسم زوجته نُعمة، واسما ابنيهما محلون وكليون. لكن عندما حدثت مجاعة ارتحلوا إلى موآب.

وبعد فترة وجيزة في البلد الجديد، مات أليمالك وترك نعمة مع ابنيها.

وفي وقت لاحق، تزوّج ابنا نُعمة بامرأتين موآبيّتين. اسم الواحدة عرفة واسم الأخرى راعوث. وبعد حوالي عشر سنوات مات أيضًا محلون وكليون. في ذلك الوقت أصبحت نُعمة بلا زوج ولا أولاد.

4 راعوث 1:1-5

- يبدأ سفر راعوث بقصّة عائلة من بني إسرائيل غادرت بلدها واستوطنت في بلد مجاور لتهرب من المجاعة.

فكّر في.........
- **لماذا تركت هذه العائلة وطنها الأصلي؟**
- **هل كانوا سيجدون السعادة في موآب؟**

ناقش
- **كيف يُمكن لشخص أن يتحمّل الاستمرار في العيش بعد أن يختبر حُزنًا شديدًا؟**
- **ما هي بالتحديد الصعوبات التي تواجه النساء اللاجئات المُهجَّرات اللواتي يعشن وحيدات ومعزولات؟**

صلِّ، مُستخدمًا عدد 5
«ثُمَ ماتَ الزَّوجانِ هُما أيضًا. ففَقَدَتِ المرأةُ ابنَيها وزَوجها».
عندما لا يوجد لنا من يُمكن أن نلجأ له، فإنّ الله يكون هو سندنا الوحيد. وهو الذي سيبارك نُعمة في نهاية حياتها.

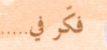

تقدّم خُطوة أعمق
- اقرأ راعوث أصحاح 1، (وعلى وجه الخصوص الأعداد من 18 حتّى 22) انظر أيضًا المقطعين 14 و19 في هذا الكتيّب.

لماذا

5 التكوين 27: 33-37، 41-45

• كان إسحق واحد من آباء بني إسرائيل، وقبل موته بقليل، أراد - كما كانت العادة - أن يمنح ابنه الأكبر عيسو بركته. لكنّ رفقة زوجة إسحق قامت ببعض الترتيبات لينال يعقوب - الابن الأصغر المُفضّل لديها - البركة بدلاً من عيسو! فبدأ عيسو يكره أخاه بسبب ذلك الأمر، وبالتالي، أصبح لزامًا على يعقوب أن يهرُب من أخيه ليُنقذ حياته.

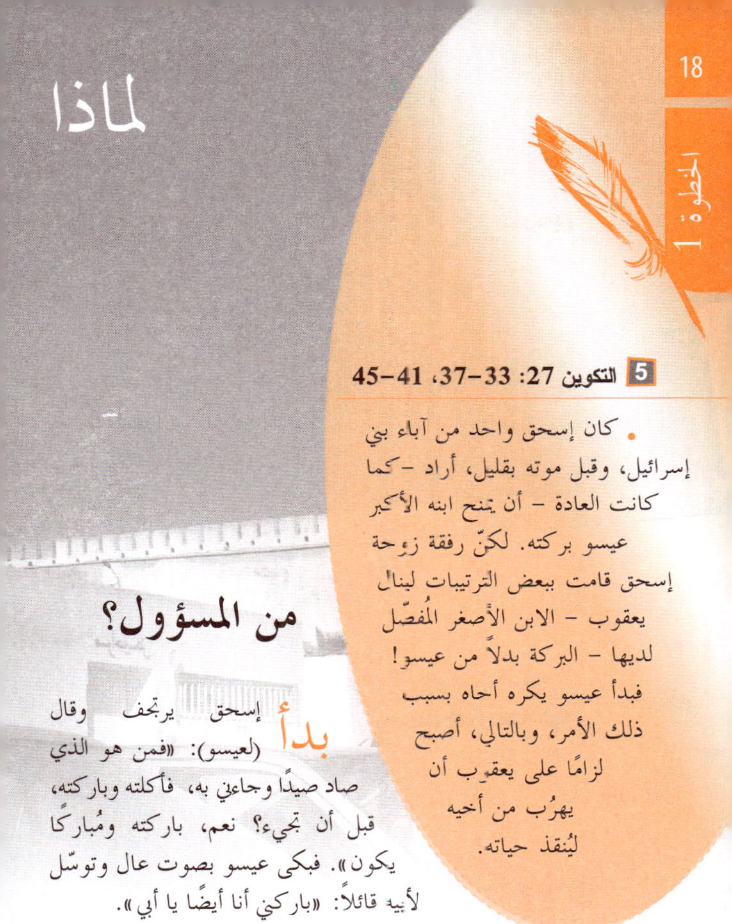

من المسؤول؟

بدأ إسحق يرتجف وقال (لعيسو): «فمن هو الذي صاد صيدًا وجاءني به، فأكلته وباركته، قبل أن تجيء؟ نعم، باركته ومُباركًا يكون». فبكى عيسو بصوت عال وتوسّل لأبيه قائلاً: «باركني أنا أيضًا يا أبي».

فأجابه: «جاء أخوك وخدعني وسرق بركتك».

فقال عيسو: «يستحقّ أخي اسم يعقوب، لأنّه تعقبني مرّتين، في المرّة الأولى غشّني وأخذ بكوريّتي، وها هو الآن يغشني ويأخذ بركتي». وتابع عيسو كلامه وسأل أبيه قائلاً: «أما تزال عندك بركة باقية لي؟»

أجاب إسحق: «يا بُني ها أنا جعلته سيّدًا لك، وأعطيته جميع إخوته عبيدًا، وزّودته بالحنطة والخمر، فماذا أعمل لك يا ابني؟» فأبغض عيسو أخيه يعقوب لأنّه سرق البركة التي كانت له. لذلك قال في نفسه: «بمُجرّد أن يموت أبي سأقتل يعقوب».

وعندما اكتشفت رفقة ما دبّر عيسو ليعقوب، استدعت يعقوب وقالت له: «يا ابني، أخوك عيسو ينتظر أن تحين له الفرصة ليقتلك. الآن استمع لي جيّدًا ونفّذ ما أقوله لك. اذهب إلى بيت أخي لابان في حاران وابق عنده أيامًا قليلة حتّى يهدأ غضب أخيك. وعندما يهدأ غضب عيسو وينسى ما فعلته معه، سوف أرسل واستدعيك لترجع للبيت. لماذا أفقد كلاكما في يوم واحد؟

الرحيل؟

فكّر في.........

- لماذا كره عيسو أخيه يعقوب؟
- هل كان الوالدان يعاملان ولديهما – في هذا الموقف – بطريقة عادلة؟

ناقش

- كيف يجب أن يفكّر يعقوب تجاه عيسو وتجاه أمّه، وتجاه الرحيل الذي أُرغم عليه؟
- من أين تبدأ مسؤولّيتنا تجاه ما يحدث لنا من ظروف الحياة؟

صلِّ، مُستخدمًا العددين 34، 44

«... والآنَ اَسمعْ لكلامي يا اَبني، فقُمْ اَهربْ إلى لابانَ أخي في حارانَ وأقِمْ عِندَه أيّامًا قليلةً حتى يهدأ غضَبُ أخيك».

اطلبَ من الرب الحكمة لتعرف كيف تتصرّف.

تقدّم خُطوة أعمق

- اقرأ التكوين من أصحاح 25 حتّى أصحاح 36

انظر أيضًا المقطعين 1 و18 في هذا الكُتيّب.

لماذا

هل هذه هي إرادة الله؟

هذا هو قول الرب لشعبه المُتمرِّد: «لقد اتّبعتم خططكم بدلاً من خطتي لكم، وعقدتُم معاهدات دون أن تسألوني، وها أنتم تُكمّلون الإثم. لقد وثقتم في حماية مصر. لذلك رفضتم مشورتي وأرسلتم رُسلاً لمصر ليستجدُّوا المعونة من ملكهم. لذلك ستخيب آمالكم، وستُخزون تمامًا إن وضعتم ثقتكم في مصر. إنّ سيادة الملك وصلت من مدينة صوعن جنوبًا حتّى مدينة حانيس.

لكنّ مصر لا تستطيع حمايتكم، والوثوق بهذه الأمّة بلا نفع وهو حماقة».

6 إشعيا 30 : 1 – 7

• كان بنو إسرائيل يسعى في كثير من الأحيان لطلب الحماية من جيرانهم الأكثر قوّة منهم، كان هذا يحدث بدون تقييم توابع هذا الاختيار، وعلى وجه الخصوص بدون طلب مشورة الله. ولقد استنكر إشعيا النبيّ عليهم مثل هذا السلوك.

الرحيل؟

«هذا هو قول الرب عن حيوانات الصحراء الجنوبيّة: «أيُّها الشعب، إنُكُم تحملون الكنوز على ظهور الحمير والجمال. إنَّكُم تُسافرون قاصدين أُمّة ضعيفة عابرين بصحراء مزعجة مملوءة بالأسود والثعابين الطيَّارة. لن تستطيع مصر مُساعدتكم! ولهذا دعوت هذه الأمة بالتمساح الخائر الذي بلا حول ولا قوّة».

فكّر في.........

- **من وجهة نظرك، لماذا أراد هؤلاء الناس الذهاب إلى مصر ؟**
- **ماذا كانوا يعتقدون أنَّهم سوف يجدون هُناك؟**
- **ماذا كان فكر الله تجاه هذا الموقف؟**

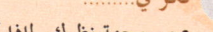

ناقش

- **ما هي الأفكار التي تمتعنا عندما نفكر عن البلد الذي نريد الذهاب إليه؟**
- **هل بسبب نفس هذه الأفكار، يُمكن لنا أن نشعر بخيبة أمل في وقت لاحق؟**
- **كيف يجب أن نتصرّف عندما لا يتطابق الواقع مع آمالنا؟**
- **كيف نعرف إرادة الله فيما يتعلّق بخططنا للرحيل؟**

صلِّ، مُستخدمًا عدد 2

«إنطَلَقوا نازِلينَ إلى مِصْرَ وما سألوا رأيي، ليَتَحصَّنوا بحِصنِ فِرعونَ ويَحتَموا بظِلِّ مِصْرَ».

لن يكون متأخرًا أبدًا أن نطلب مشيئة الله، ولا أن نطلب النصيحة من الآخرين.

تقدّم خُطوة أعمق

- **اقرأ إشعيا من أصحاح 30 وحتّى 32**

خداع المدن

رأيت ملاكًا آخر يأتي من السماء. كان لهذا الملاك سلطان عظيم، وعندما جاء أشرقت الأرض من مجده. وصرخ بأعلى صوته: «سقطت! قد سقطت بابل العظيمة، وصارت الآن وكرًا للشياطين ومأوى لكل روح وطائر نجس ومكروه. جميع الأمم شربت من شرّها ومن خمر زناها. كُلُّ ملوك الأرض زنوا معها وكل تُجّار الأرض اغتنوا من رغباتها الشريرة.

بعدها سمعت صوتًا آخرًا آتيًا من السماء يصرخ: «يا شعبي، يجب أن تهربوا من بابل. لا تُشاركوها في خطاياها حتّى لا تتحمّلوا معها عقابها. خطاياها مُكدّسة حتى السماء. يذكر الله الشر الذي قد صنعته».

ويقفون على بُعد منها خوفًا من عذابها وهم يقولون: «الويل! الويل! أيّتها المدينة العظيمة، يا بابل المدينة الجبارة، في ساعة واحدة جاءت دينونتك! وسيبكي عليها تجار الأرض ويندبونها، لأنّ بضاعتهم لن تجد من يشتريها. بضاعة من ذهب وفضّة وحجر كريم ولؤلؤ وكتّان وأرجوان وحرير وقرمز وأنواع الأطياب ومصنوعات العاج والخشب الثمين، ونحاس وحديد ورُخام.

لن يشتري أحد منها قرفة وبخور وعطر ومر ولبان وخمر وزيت ودقيق وحنطة وبهائم وغنم وخيل وعربات وأجساد عبيد ونفوس بشر. بابل كل ما اشتهته نفسك ذهب وزال عنك الترف والبهاء جميعًا ولن تجدينه للأبد. هؤلاء التجار الذين اغتنوا بتجارتهم من تلك المدينة سيقفون على بعد منها، خوفًا من عذابها، فيبكون وينوحون. الويل، الويل! أيتها المدينة العظيمة! كانت تلبس الكتان والأرجوان والقرمز، وتتحلّى بالذهب والحجر الكريم واللؤلؤ.

7 رؤيا يوحنا 18: 1 - 5، 10 - 19

- تعتبر بابل في الكتاب المقدس مثالاً للقوة العُظمى التي لا تحترم إرادة الله. في رؤيا يوحنا ترمز بابل لروما عاصمة الإمبراطوريّة الرومانيّة التي حكمت العالم في ذلك الوقت. إنّ هذا المقطع الكتابيّ يصف كيف سيتم تدمير هذه المدينة بسبب الكبرياء والظلم.

الرحيل؟

في ساعة واحدة تبدّد كُلّ هذا الغنى». وربابنة السفن وركابها وبحارتها وجميع الذين كانوا يرتزقون من البحر وقفوا من بعيد وصاحوا، وهم ينظرون إلى دخان لهيبها: «أيُّ مدينة تُشبه هذه المدينة العظيمة؟!» وألقوا التراب على رؤوسهم وأخذوا يبكون ويندبون ويصيحون: «الويل! الويل! أيّتها المدينة العظيمة! من نفائسها اغتنى جميع أصحاب السفن في البحر! في ساعة واحدة تبدّد كلّ شيء فيها».

فكّر في.........

- ما هي ثروة هذه المدينة؟
- ما هي الأسباب وراء حكم الله ونقمته (لعنته)؟
- ماذا يعني آخر عدد في المقطع (في ساعة واحدة)؟

ناقش

- هل هذا المقطع يساعدنا في التفكيرالآن في المدن أو الدول التي تبدو الآن مُهمّة في العالم؟
- هل نحن ننتمي لمدن مثل تلك المدينة؟
- هل أحلامنا مُطابقة للواقع؟

صلّ، مستخدمًا عدد 10

«.........الوَيلُ! الوَيلُ! أيّتُها المدينةُ العظيمةُ، يا بابِلُ المدينةُ الجَبّارَةُ، في ساعة واحدة جاءَتْ دينونَتُك»

غطرسة الثروة عادةً تقودُ إلى متاعب. والله يستطيع أن يعطينا القوة لنتجنبها.

تقدّم خُطوة أعمق

- اقرأ رؤيا يوحنا من أصحاح 17 وحتّى أصحاح 22

صلوات

لقد اخترت الرحيل يا رب
وقد تركت خلفي بساتين قريتي، وبؤس المجاعة،
وضحك الأطفال، وضجيج الحرب،
وغناء النساء أثناء العمل، وعدد مفشلاتي....
لقد كنت أعيش حياة هادئة مع عائلتي،
الآن أنا وحيدة، مع كل الهموم التي أتت نظرًا لكوني مهاجرة.
عندما يأتي الصباح أصلي لك:
كن قوتي ومرشدي في هذه الأيام الصعبة!
وعندما يأتي المساء وأبدأ بالقلق لأجل الغد
خذ مخاوفي بعيدًا عني وجدد شجاعتي.
انظر نحوي برضى يا إلهي
فأنت الأب ولن تنسى أولادك مطلقًا
لقد تركت الحياة ولابدا أن أصبح إنسانة جديدة.
لا أعلم ما الذي ينتظرني مستقبلاً، ولكني أثق أنك في محبتك
أنت ستعطيني بداية جديدة في الحياة، في مكان ما، بعيدًا عن الألم الذي دفعني للرحيل.

راعوث، الكونغو

"لا أعلم ما الذي ينتظرني مستقبلاً،
ولكني أثق أنك في محبتك
أنت ستعطيني بداية جديدة في الحياة،
في مكان ما، بعيدًا عن الألم الذي دفعني للرحيل."

يا رب أنت مسيطر على كل ما يحدث، أنت تملك على كل خليقتك.

أعبدك يا إلهي ومخلصي. أسبحك لأن لديك خطة رائعة لحياتي.

أشكرك لأنك سمحت لعائلتي أن يجتمع شملها مرة أخرى، شكرًا لأنك تعطينا كل ما نحتاج إليه في هذه البلد الغريبة، شكرًا لأنك قد جهزتني لأن تقابلني بشكل شخصي عندما كان عمري 12 سنة.

لقد دعوتني من الصين إلى فرنسا عن طريق إيطاليا، لقد غيرت حياتي عن طريق قبولي ليسوع المسيح ودعوتني لمشاركة الأخبار السارة عن حبه.

ليكن لك كل المجد.

ينج، الصين

الخطوة
2

رحلة صعبة

إنّ الخروج رحلة نحو المجهول قد يعني أيضًا مواجهة شكوك وقساوة الآخرين. وفي نفس الوقت، فهو يعني اختبار معونة الرب وحمايته، بطرق أحيانًا لا يمكن تصديقها. وأنت في الطريق ستقابل أيضًا بعض البشر الودودين جدًّا.

عندما **تركت أرض آبائي، حيث كنت سأقتل**، كنت عالمًا أنني لن أرى عائلتي مجددًا. كان يجب لي أن أترك ورائي كل ما امتلكته. شعرت أنني كبني إسرائيل عندما تركوا مصر: أعدائي من خلفي والبحر أمامي. أول نقطة انطلاق لهذه الرحلة نحو المجهول كان في بلد حيث أستطيع ان أعيش فيه هناك بطريقة شرعية. بعد شهر من الانتظار بلا جدوى للحصول على تأشيرة دخول لأوربا، ركبت طائرة إلى بلد أمر بها لحين الوصول إلى مقصدي. لكنني هناك لم أستطع أن أجد أي شخص من الذين كنت قد حصلت على عناوينهم سابقًا. أخيرًا ساعدتني إحداهن: لقد اشترت لي تذكرة قطار إلى مدينة قرب الحدود وأعطتني بعض المال.

بحثت عن شخص يستطيع أن يهرّبني عبر الحدود أنا وابني وأناس آخرين من بلدي. لقد كنت قد تركت كل متعلقاتي في الفندق. طلب الرجل كمية كبيرة من المال وأيضًا جواز سفري. ولقد مشينا من تلك المدينة التي تقع على الحدود. في الحقيقة كانت ليلة باردة جعلتنا نتجمد وكان الثلج يتساقط. اعتقدت أنني سأموت بسبب المشاكل التي كنت أعاني منها في قلبي. لقد تعثرت عدة مرات سقطت على وجهي في الطين. كنت أفكر، ترى هل ستقبض علينا الشرطة مثل تلك المجموعة الأخرى من اللاجئين الهاربين الذين قبضوا عليهم الليلة السابقة؟ لكننا كنا محميين، فلم يأتِ أي من رجال الشرطة بسبب البرودة الشديدة لتلك الليلة.

أخيرًا وبعد سيرنا لثلاث ساعات عبرنا الحدود. كنا متسخين ومبتلين جدًا ومتعبين جدًا. لقد كنا طوال اليوم نبحث عن شخص قد يستطيع مساعدتنا. لم يكن لدينا أي شيء نأكله. إلى أين علينا أن نذهب؟ لم أكن أعرف أي شخص و لم يكن لديَّ أي مال......

لن يمكنني أن أنسى الشخصين اللذين قالا لي: (تقدرين أن تبقي هنا. هل أنت جائعة؟؟) لقد فتح لنا هذان الزوجان بيتهما وأعطيانا ملابس نظيفة لنرتديها. دائمًا ما أعتدت على أن أسأل: (ماذا سيحدث بعد ذلك؟)، لكنني في تلك المرة كنت قد تمّ اقتيادي إلى أرض الموعد.

استير إيران

كانت هذه رحلة ألف ليلة وليلة. تمامًا مثل يوسف ومريم عندما جاءهما ملاك الله ليحذرهما من خطر وشيك، هؤلاء الناس كان محتم عليهم ترك قريتهم على عجل، وكان على البعض الآخر مغادرة منازلهم، وبلادهم وأحبائهم بنفس الطريقة تحت وابل من القنابل، ومن خلال قعقعة أصوات بنادق كلاشنيكوف، ومواجهة خطر الموت، تُركنا للمجهول بدون أي إعداد. عندئذ بدأت الرحلة التي لا تنتهي. على طول الطريق غالبًا ما كنا نقابل أناسًا مثل راحاب (يشوع 2) أولئك الذين يرحبون بتوفير المأوى والحماية لك سرًا، وهم بهذه العملية يخاطرون بحياتهم. إنّ الله لن ينسى لهم مثل هذه الاستضافة الكريمة. في هذه الرحلة الصعبة يكون الله دائمًا متواجدًا وحاضرًا، وهو دائمًا ما يقود خطواتنا عبر الطريق الذي سبق وأعده لنا لنسلك فيه.

إيفون، رواندا

رحلة

فكَر في ....

- **ماذا الذي طلبه الإسرائيليُّون؟**
- **في اعتقادك لماذا منعهم ملك أدوم من العبور في أرضه؟**

ناقش

- **هل تُذكرك هذه القصة بمواقف حدثت لك في رحلتك؟**
- **كيف تصرّفت في ذلك الوقت؟**
- **كيف تفكر الآن في ردّة فعلك؟**

صلّ، مُستخدمًا العددين 20، 21

«... وخرَج علَيهِم بجمعٍ كبيرٍ وقوَّةٍ عظيمةٍ، ورفَضَ أنْ يدَعَ بَني إسرائيلَ يعبُرونَ أرضَهُ، فمَالوا عنهُ».

عندما نواجه أناس يعادوننا، يستطيع الله أن يُرينا مخرجًا آخر.

تقدّم خُطوة أعمق

- **اقرأ سفر العدد أصحاحي 20، 21**

صعبة

قساوة الجنس البشريّ

8 **سفر العدد 20 : 14 - 21**

- بعد أن ترك شعب إسرائيل أرض مصر حيث كانوا عبيدًا هناك، وجد الشعب نفسه في الصحراء. ولكي يصلوا إلى الأرض التي وعدهم الله بأن يعطيهم إيَّاها، كان يتحتم عليهم عبور أراضي ملك أدوم.

بعد أن ترك شعب إسرائيل أرض مصر حيث كانوا عبيدًا هناك، وجد الشعب نفسه في الصحراء. ولكي يصلوا إلى الأرض التي وعدهم الله بأن يعطيهم إيَّاها، كان يتحتم عليهم عبور أراضي ملك أدوم.
أرسل موسى رسلاً من معسكر إسرائيل بالقرب من قادش. كان الرسل حاملين رسالة من موسى لملك أدوم: «نحن الإسرائيليون أقاربك، وبالتأكيد فأنت قد سمعت عن الأمور الفظيعة التي حدثت لنا. لقد استقر أجدادنا في مصر وعاشوا هناك لفترة طويلة، لكنّ بعد فترة أصبح المصريون قساة تجاهنا، وعندما صرخنا لإلهنا ليساعدنا، استجاب الله لصلواتنا وأخرجنا من تلك الأرض.
والآن نحن نعسكر على حدود مملكتك بالقرب من مدينة قادش. من فضلك اسمح لنا بالمرور من أرضك. نحن لن نقترب من الحقول ولا من الكروم، ولن نشرب من مياه الآبار. سنلتزم بالمرور في الطريق الرئيسيّ حتّى نُغادر أرضك.
ولكنّ ملك أدوم ردَّ على الرسالة قائلاً: «لا لن أدعكم تَمرُّون من أرضنا! ولو حاولتم المرور سنُهاجمكم».

لكنّ موسى أرسل ردًا لملك أدوم برسالة أخرى فقال: «لقد عاهدناك بأن نبقى على الطريق الرئيسيّ، وإذا شرب أيّ واحد منّا أو أيّة ماشية من مواشينا من مائك، فإنّنا سندفع لك ثمنه. نحن نُريد المرور فقط من خلال بلدك».
وردّ ملك أدوم مُصرًّا على الرفض قائلاً: «لا تستطيع المرور عبر أرضنا»!
وأرسل ملك أدوم أقوى القوات لتبقي شعب إسرائيل بعيدًا عن أراضيهم.
لهذا تحتّم على شعب إسرائيل الذهاب في اتّجاه آخر.

رحلة

معونة الله وحمايته

وفي وقت مبكر من صباح اليوم التالي أعطى إبراهيم لهاجر قربة ماء وبعض الخبز. ثم وضع الولد على كتفها واطلقهما. خرجت هاجر واسماعيل وتجوّلا في الصحراء بالقرب من بئر سبع، وبعد أن نفد منهما الماء، وضعت هاجر ابنها تحت شجيرة. ثم ذهبت وجلست مقابله على بعد منه لأنّها لم تكن تستطيع تحمُّل رؤيته وهو يموت. وبكت هاجر بمرارة.

وعندما سمع الله الصبي يبكي، أرسل الله لهاجر ملاكًا من السماء قائلاً لها:

9 التكوين 21: 14-21

كانت سارة – زوجة إبراهيم – عاقرًا لفترة طويلة. وفي أحد الأيام طلبت سارة من إبراهيم أن يتزوّج هاجر جاريتها، وسمي الطفل الذي ولد لإبراهيم وهاجر إسماعيل، ثم أخيرًا ولدت سارة إسحق. وبعد عدة سنوات طلبت سارة من إبراهيم أن يطرد هاجر وابنها إسماعيل. وعلى أي حال وبحسب العُرف السائد وقتها، كان يجب أن تُفكّر سارة تجاه اسماعيل كابنها.

"لا تخف"

صعبة

«هاجر، لماذا قلقت؟ لا تخافي. لقد سمعتُ بكاء ابنك. قومي احملي الصبي وخُذي بيده، لأنّي سأجعله أبًا لأمّة عظيمة». عندئذ جعلها الله ترى بئرًا. فذهبت هاجر للبئر، وملأت قربة الماء ثم أعطت بعضًا من الماء لابنها.

وبارك الله اسماعيل، وعندما كبر الصبيّ، أصبح مُتمّرنًا على استخدام القوس والأسهم. وعاش في صحراء فاران، واختارت له أمه امرأة مصريّة ليتزوجها.

فكّر في........

- **لماذا وجدت هاجر نفسها مع ابنها متروكين بمفردهما في الصحراء؟**
- **كيف شعرت هاجر في ذلك الوقت؟**
- **كيف اعتنى بهما الله؟**

ناقش

- **هل عانيت من نزاعات أسرية أجبرتك على الرحيل؟**
- **ماذا فعلت تجاهها لتتمكّن من العيش؟**
- **هل اختبرت وقتها معونة الله؟**

صلّ، مستخدمًا عدد 17
«ما لك يا هاجرُ؟ لا تخافي».
الثقة بالله رغم كل مخاوفي

تقدّم خُطوة أعمق
- **اقرأ سفر التكوين من أصحاح 12 حتّى 25**

انظر أيضًا المقطعين 1، 18 في هذا الكتيّب

رحلة

الله يسير مع شعبه

قال موسى للشعب: «اسمع يا بني اسرائيل، هل تريد أن تدخل الأرض التي وعد الرب بها آباءك؟ هل تريد أن تمتلكها وتحيا فيها وتصير أمة قوية؟ إذًا لتُطع كلّ الوصايا التي اعطيكم إيّاها».

«.... لا تنسوا كيف قادكم الرب إلهكم في الصحراء طوال الأربعين سنة الماضية. لقد أراد أن يعرف إذا كنتم بالحقيقة راغبون في طاعته والاعتماد عليه، لقد أجاعكم، ثم أطعمكم المن الذي لم تسمعوا عنه من قبل لا أنتم ولا آبائكم. لقد علّمكم الرب أنّ البشر يحتاجون إلى ما هو أكثر من الطعام لكي يحيوا - إنهم يحتاجون إلى كلّ كلمة تخرج من فم الله. بل وأكثر من ذلك، فإن ملابسكم لم تبلَ عليكم، وأقدامكم لم تتورّم طوال الأربعين سنة الماضية. لذا ضعوا في إعتباركم أن الرب قد أدّبكم كما يؤدّب الآباء أبنائهم. إذا لتطيعوا الوصايا التي يعطيكم الرب إيّاها ولتعبدوه بكلّ خوف ورعدة.

10 التثنية 8 : 1 - 6

- قبل وصول بني إسرائيل إلى الأرض التي وعدهم بها الله، قضوا سنوات عديدة في الصحراء. شكرًا لله إذ لم يعوزهم شيء هناك. لكن كان لزاما عليهم أن يستمرّوا في طاعة شرائع ووصايا الله.

صعبة

فكّر في......

• ماذا كان ينبغي لشعب الله أن يتعلم من تجاربهم ومعاناتهم في الصحراء؟
• كيف رافق الله أولاده خلال تلك الأربعين سنة؟

ناقش

• هل عانيت لتصل للمكان الذي أنت فيه الآن؟
• كيف يمكنك أن تفهم التجارب التي اجتزتها؟
• كيف يتداخل الله وسط الصعوبات؟

صلِّ، مُستخدمًا عدد 3

«...فأذلَّكَ وجوَّعكَ ثمَّ أطعَمَكَ المَنَّ الذي لم تعرفْهُ أنتَ ولا عرفَهُ آباؤُكَ، حتى يُعلِّمَكَ أنَّ الإنسانَ لا يحيا بالخبزِ وحدَهُ، بل بكُلِّ ما يخرُجُ منْ فَمِ الرّبِّ يحيا الإنسانُ.».

كلمةَ الله طعام أساسيّ: إنّه يُساعدنا لنحيا ونؤمن به.

تقدّم خُطوة أعمق

• اقرأ التثنية من أصحاح 1 وحتّى أصحاح 11

رحلة

مُساعدة الآخرين واستضافتهم

11 لوقا 10 : 30 -37

• في يوم من الأيام، جاء أحد اليهود — وكان من معلّمي الشريعة — ليسأل يسوع: «من هو قريبي؟»، أجابه يسوع بقصّة كان من شخصياتها بعض رجال الدين، ورجل أيضًا من مدينة السامرة. في ذلك الوقت كان السامريُّون مرفوضين ومُحتقرين من اليهود.

أجاب يسوع: «إنسان كان نازلاً من أورشليم إلى أريحا، فهاجمه لصوص واستحوذوا على كلّ ما كان لديه. اللصوص أيضًا ضربوه وهربوا تاركينه بين حيّ وميّت. وتصادف مرور كاهن بنفس الطريق. لكن عندما رأى الرجل، مشى على الجانب الآخر. بعد ذلك مرّ مُساعد في الهيكل (لاويّ) من نفس الطريق. ولما شاهد الرجل الذي قد ضُرب، هو أيضًا مضى ماشيًا على الجانب الآخر.

عندئذ مَرَّ بِه رجل من السامرة وكان مُسافرًا عبر ذلك الطريق. وعندما رأى ذلك الرجل المضروب المجروح، شعر بالأسى تجاهه وذهب ناحيته. وعالج جراحه بزيت الزيتون والنبيذ ثمّ ضمّدها. ثُمّ بعد ذلك وضعه على حماره وأخذه لأحد الفنادق حيث اعتنى به هناك. وفي صباح اليوم التالي أعطى صاحب الفندق قطعتين من الفضة (دينارين) وقال له: «إذا سمحت اعتنِ بالرجل، وإذا انفقت عليه أكثر من ذلك، فعندما أعود سأدفع لك ما انفقته».

بعد ذلك سأل يسوع مُعلّم الشريعة: «أيّ واحد من الثلاثة رجال، كان القريب الحقيقيّ للرجل الذي ضربه اللصوص؟»، أجاب مُعلّم اليهود: «الّذي عامَلَهُ بالرَّحمَة». فقال يسوع: «اذهب أنت واعمل مثله».

صعبة

فكّر في........

- لماذا حكى يسوع تلك القصة؟
- لماذا اختار (يسوع) رجلاً سامريًّا ليعلّم عن كيفيّة أن تكون قريبًا صالحًا؟
- تخيّل رد فعل الرجل المجروح (وهو يهوديّ) تجاه قبول فكرة أنّه قد تمت إعانته بواسطة إنسان سامريّ.

ناقش

- هل وجدت نفسك قبلاً في موقف مُشابه لأحد الشخصيّات في تلك القصة؟
- بصفتك غريبًا، هل يكون من السهل عليك دومًا أن تُساعد الآخرين؟
- كيف يُمكننا أن نتصرّف لنجعل الآخرين يتخلّون عن تحيُّزهم ضد الأجانب الغرباء عن وطنهم أو جنسيّتهم؟

صلّ، مستخدمًا عدد 34

«......ثُمَّ حَملَهُ على دابَّتِهِ وجاءَ بهِ إلى فُندُقٍ واَعتَنى بأمرِهِ».
شكرًا لله من أجل كلّ «السَامريّين الصالحينَ» الذين قابلناهم في طرقنا!

تقدم خُطوة أعمق

- اقرأ لوقا من أصحاح 9 : 51 حتّى أصحاح 11: 36

صلوات

يا رب، أنت وحدك من قدتني لهذه البلد الجديدة. لقد دعوتني لترك أرض أجدادي لأذهب إلى الأرض التي وعدتني أن تريني إياها. وأنا لم أتوقف أبدًا عن الثقة بك منذ تلك اللحظة التي تركت فيها وطني وحتى اليوم.
لقد حميتني وأظهرت لي ما يجب أن أقوم به.
لقد أرسلت أناسًا لمساعدتي.
ربي، أنني أثق بك أكثر من ثقتي بالبشر. لقد أفتقدت عائلتي، لكنني أعلم أنك تعتني بهم خطتك لحياتي لم تكتمل بعد. أود أن أخدمك في هذا البلد الجديد.أريد مساعدة الغرباء الأخرين الذين يأتون إلى هنا بحثًا عن مكان أمن ليعيشون فيه.
آه يا رب، إلهي ومخلصي، أشكرك على كل الأشياء الرائعة التي فعلتها في حياتي.

استر إيران

أنت باركتني يا رب من خلال أولئك الذين قد وضعتهم في طريقي خلال رحلتي من خلال النظرات الحانية التي غمروني بها
لقد كنت أرى عينيك انت تحدقان فيّ، وهما مملوءتان بالحب والعطف والحنو من خلال هذه الأيدي التي جعلتها تمتد تجاهي.
لقد رأيت يديك وهما مفتوحتان باستعداد كملجأ وملاذ لقد رأيت يديك وهما مفتوحتاز باستعداد كملجأ وملاذ (مخرج) لي.
وعن طريق الكلمات المريحة التي قالوها لي تقبلت كلمتك وتكرر صداها في أعماقي فردت لي إيماني اريد أن أقول لك شكرًا يا رب لأجل طيبتك التي تسير معي يومًا فيوم

راعوث، الكنغو

صعبة

"الرب راعي فلا يعوزني شيءٌ.
في مراعٍ خضر يريحني،
إلى مياه هادئة يوردني.
يُنعش نفسي، يهديني إلى سبلِ الحق من أجل اسمه.
لو سرت في وادي ظل الموت لا أخاف شرًّا،
لأنك أنت معي. عصاك وعكازك هما يعزيانني.
تهيئ قدامي مائدة تجاه خصومي،
وتدهن بالطيب رأسي، وكأسي رويَّة.
الخير والرحمة يتبعانني كل أيام حياتي،
وأسكن في بيت الرب إلى مدى الأيام."

مزمور 23

الخطوة 3

البحث عن مكان

إنّ الوصول إلى بلد جديدة لن يحل كلّ مشاكلنا، فالكثير من الرجال والنساء هُم ضحايا الاستغلال، وهُم يعملون بصورة غير مشروعة مقابل مبالغ زهيدة، وغالبًا ما يثير أمرًا كهذا مشاعر الغيرة لدى الآخرين تجاههم. إنّ الاستغلال الذي يتعرّض له هذا النوع من الناس لا يتّفق مع وصايا الإنجيل، تلك التي توصينا بتقدير الغرباء. فإنّ الكتاب المقدس يُشجّع كلّ المؤمنين ــ مهما كانت الظروف ــ أن يتبنّوا نمط حياة يتميّز بالصلاح وبرفض الكراهية.

كانت **حياتي صعبة في الدولة التي أتيت منه.** وفضلاً عن الفقر الذي عشت فيه، فلقد واجهت أيضًا رفضًا إجتماعيًا بسبب أنني مسيحي. لقد تركت بلدي بحثًا عن مكان ما لكي أعيش بشكل أدمى. لقد قابلت في رحلتي الكثير من المعوقات التي تكفي لتجعل أكثر الناس شجاعة يتخلون عن أهدافهم.

لكن اليوم، تغيرت أشياء عديدة في حياتي. يسعدني أن أقول أنني الآن في أمان وأحيا حرًّا تمامًا. وأستطيع أن أمارس إيماني بلا خوف. ولقد تلقيت أيضًا التدريب المهني الذي احتجته. لقد قابلت العديد من الناس، مؤمنون وغير مؤمنين، وقد أظهروا لي الحب والعون خلال الطريق.

مع ذلك، لم يزل وضعي غير مستقر. تظل مشكلتي الكبرى هي إيجاد وظيفة لكي استطيع أن اكون معتمدًا على نفسي. أحيانًا تخيب آمالي عندما أدرك أنني أتعرض للتمييز العنصري. لدى انطباع بأن اسمي الأجنبي الغريب ولون بشرتي وعمري، كل هذه العوامل تساهم معًا في رد الفعل السلبي هذا. وأنا لا زلت أحاول وضع هذه المشاكل في المنظور الصحيح، وأن اتبنى اتجاهًا إيجابيًا من نحو الأخرين كما قال يسوع «لا تدينوا لئلا تدانو» متى 7 : 1

أنا أحاول باستمرار أن امتلك الإيمان داخلي، لكن بصفة غالبة في الله. وعند مواجهة الصعاب، وفي ضعفي، أنا أحاول أن أعيش استنادًا على ايماني وألاَّ استسلم أبدًا

إبراهيم، جزر القمر

لقد **تركت بلدي بسبب ظروف إقتصادية.** وبعد الطلاق لم استطع بمرتبي تحمل نفقات تنشئة طفلًى كمدرّسة. وعندما عدت إلى المترل في قبرص بعد ثلاثة أشهر حيث اشتغلت كعاملة في مزرعة، فكرت: «أنا أريد أن أبدأ من جديد في مكان آخر، إنّ الحياة هنا صعبة جدًّا»! وعندما وصلت إلى باريس بالقطار صممت رغم كل شيء أن أطلب اللجوء السياسي وكنت اعلم ان طلبي بعيد المنال. لقد صممت ان استمر على الرغم من الرفض، لكن الأمر انتهى سريًّا ولقد أمرت بترك البلاد أربع مرات.
لقد عملت ليلاً، وتمكنت من استئجار شقة وكنت قادرة علي دفع ايجارها. التحقت بفصول مسائية لتعلم اللغة الفرنسية ونجحت أيضًا في احضار أطفالي للعيش معي. خلال هذا الوقت كنت أذهب إلى الكنيسة بانتظام. لقد كان الإيمان الذي كنت قد عرفته منذ طفولتي هو الدعم المستمر لي. لسوء الحظ، لقد ارتكبت جريمة وانتهى بي المطاف في السجن لبضعة أشهر. هناك، بدأت في قراءة الكتاب المقدس بشوق. في التقليد الأرثوذكسي الذي أتيت منه، نحن نتعامل مع الكتاب المقدس فقط في وقت القداس. لكن عندما كنت في السجن أدركت أن كلمة الله لها أهمية قصوى، وأنها وسيلة شائعة ومشتركة لكل المسيحين من مختلف الكنائس (الطوائف). في احد أيام الأحاد، صباحًا، خلال الخدمة، وبينما كان الكاهن يشرح كلمة الله، أغلقت عيني وتخيلت نفسي وقد عدت لكنيستي الأم.

ان اكتشاف هذه الشركة مع المؤمنين الآخرين أطلق بقية حياتي. والأنباء السارة الأخرى هي أنني قد استلمت وثائقي الرسمية!

تاتيانا، روسيا

البحث

يجب أن يُحترم الغرباء

12 اللاويين 19: 33 – 34

13 التثنية 27 : 19

• نجد في الكتاب المقدس أنّ احترام الضعفاء والأرامل والأيتام والمهاجرين يُعتبر قيمة أساسيّة.

لا تعاملوا الأجانب الذين يعيشون على أرضكم معاملة سيئة. بل على العكس عاملوهم كما تعاملون مواطني الأرض الأصليين وحبُّوهم بقدر ما تحبُّون أنفسكم. تذكَّروا، أنكم كنتم قبلاً متغربون في أرض مصر. أنا الرب إلهكم.

نحن نطلب من الله أن يعاقب أيّ شخص يمنع العدل عن الفقراء سواء كانوا غرباء أو أرامل أو أيتام. وكُلُّ الشعب يقولون: «آمين».

فكّر في ....

• لماذا طلب الرب من شعبه أن يحترموا الغرباء ويُحبّوهم؟

• ما الذي كان يتحتّم على شعب إسرائيل أن يتذكّروه؟

ناقش

• يُقال أحيانًا أنّ من عُومل كأجنبي هو وحده الذي يستطيع أن يحب ويحترم الأجانب: ما رأيك أنت؟

• كوافد جديد، هل تتوقّع أنك ستُعامل بنفس الطريقة التي يُعامل بها نفس سكان البلد الذي أتيت للإقامة فيه؟

صلّ، مستخدمًا عدد 34

«.... وليَكنْ عِندَكُمُ الغريبُ النَّزيلُ فيما بَينكُم كالأصيلِ مِنكُم. أحِبُّوه مثلما تُحبُّونَ أنفسَكُم لأنَّكُم كُنتُم غُرَباءَ في أرضِ مِصْرَ. أنا الرَّبُّ إلهُكُم». أتمنّى أن يكون هذا الأمر (المطلب) واضحًا لدى كلّ واحد!

تقدّم خُطوة أعمق

• اقرأ اللاويين أصحاح 19، ويشوع أصحاح 8 : 30–35

عن مكان

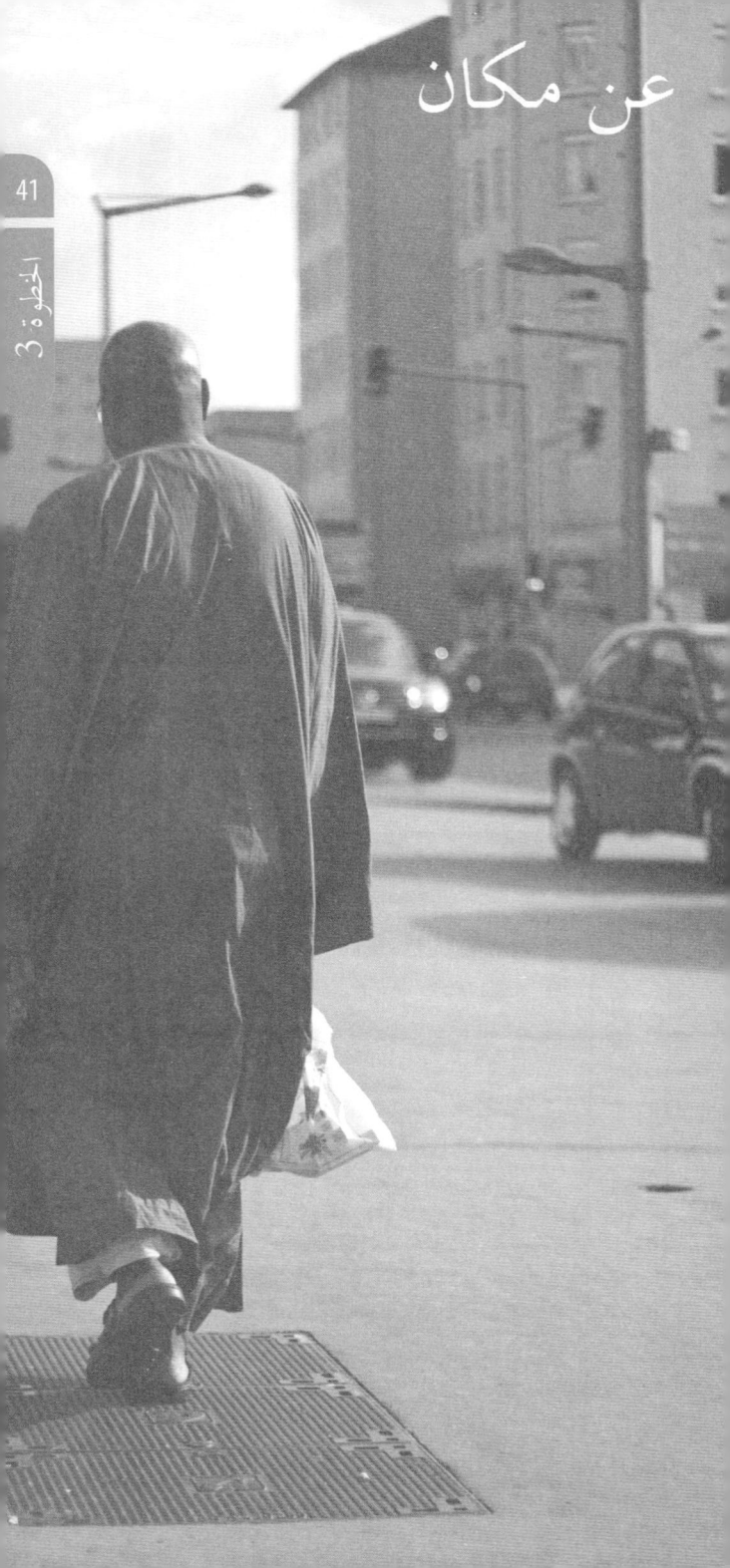

البحث

تسديد احتياجاتنا الأساسيّة

14 راعوث 2 : 1–13، 14

• عادت نُعمة إلى بني إسرائيل مع زوجة ابنها راعوث، التي كانت هي أيضًا أرملة. ولم يكن لديهما أيّ شيء على الإطلاق، ولهذا كان يجب عليهما أن تفعلا كل ما بوسعهما لتُطعما نفسيهما.

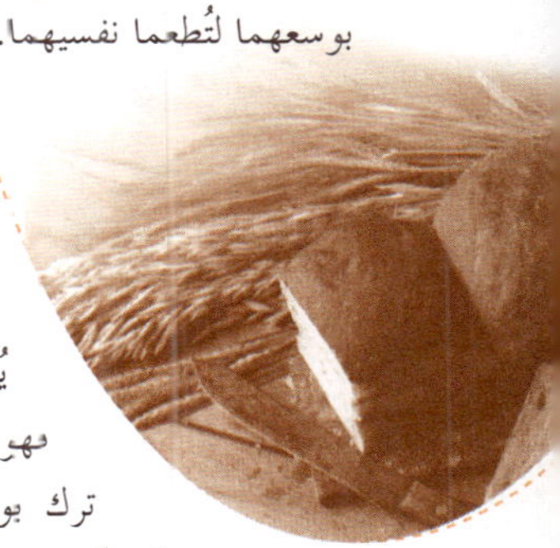

في أحد الأيام، قالت راعوث لنُعمة: «دعيني أرى إذا ما كان يمكنني العثور على شخص يدعني ألتقط الحبوب التي بقيت في الحقل من وراء الحصادين».
أجابتها نُعمة: «اذهبي يا ابنتي». فذهبت راعوث مُباشرة لالتقاط الحبوب في أحد الحقول التي كان يملكها بوعز. كان بوعز أحد أقارب زوج نُعمة الذي كان يُدعى أليمالك، وبالإضافة إلى ذلك، فهو رجل غنيّ وذو سلطة. وعندما ترك بوعز بيت لحم وذهب إلى حقله قال للحصّادين: «ليبارككم الرب»، وهُم بدورهم أجابوه: «وليُباركك الرب أنت أيضًا». بعد ذلك سأل بوعز الرجل المسؤول عن الحصّادين: «من هي هذه الفتاة؟»
أجاب مسؤول العُمال: «إنّها التي عادت من موآب مع نُعمة، وقد استأذنت إن كانت تستطيع التقاط الحبوب الباقية من وراء الحصّادين، ولقد عملت منذ الصباح بدون لحظة راحة».
فذهب بوعز لراعوث وقال لها: «اسمعي يا ابنتي، لا تذهبي لتلتقطي من حقل آخر ولا تتركي هذا الحقل، بل لازمي الحصّادين هنا، وفي أيّ حقل ترينهم يحصدونه سيري وراءهم. وأنا أمرت وكلائي أن لا يتعرّضوا لك. وإذا عطشت فاذهبي إلى الأوعية واشربي ممّا استقوه». فسجدت على وجهها إلى الأرض وقالت له: «لماذا نظرت إليّ بعين العطف وأنا غريبة؟»
أجاب بوعز: «لقد بلغني عمّا صنعتيه مع حماتك بعد وفاة زوجك، حتّى أنك تركت أباك وأمّك لتأتي وتعيشي في أرض غريبة ووسط شعب لا تعرفينه من قبل.

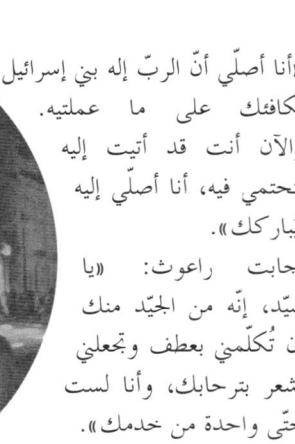

عن مكان

«أنا أصلّي أنّ الربّ إله بني إسرائيل يُكافئك على ما عملتيه. والآن أنت قد أتيت إليه لتحتمي فيه، أنا أصلّي إليه ليُباركك».

أجابت راعوث: «يا سيّد، إنّه من الجيّد منك أن تُكلّمني بعطف وتجعلني أشعر بترحابك، وأنا لست حتّى واحدة من خدمك».

فكّر في .....

- **ماذا كان على راعوث أن تفعل لتجد قوتها في أرض غريبة؟**
- **هل وجودها كان مقبولاً؟ لماذا؟**
- **هل كان من المُمكن لها أن تبقى على قيد الحياة بدون مساعدة بوعز لها؟**

ناقش

- **عُد بذاكرتك للوقت الذي وصلت فيه لوطنك الذي تغربت فيه، ترى هل تُذكّرك قصّة راعوث بأمر من خبرتك الشخصيّة؟**
- **هل وجدت هناك من قام بمساعدتك؟**

صلّ، مستخدمًا عدد 10

«.... لماذا نَظَرتَ إلَيَّ بِعَينِ العَطْفِ وأنا غريبةٌ؟»
أتمنّى أنَ يضع الله أناسًا عطوفين في طريقي.

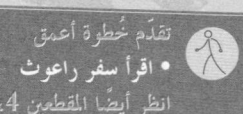

تقدّم خُطوة أعمق

- **اقرأ سفر راعوث**

انظر أيضًا المقطعين 4، 19 في الكُتيّب.

44
الخطوة 3

البحث

15 **التكوين 31 : 1 - 7**

• يعقوب، الذي فرَّ من غضب عيسو شقيقه بعد أن خدعه، تعرّض هو أيضًا لنفس الخبرة القاسية عندما خُدع وتعرض لاستغلال أحد أقاربه.

استغلال وخداع

سمع يعقوب أنّ أبناء لابان يشتكون ويقولون: «الآن يعقوب رجل غنيّ، وكُلُّ ما يملكه قد أخذه من أبينا» لاحظ يعقوب أيضًا أنّ لابان لا يتعامل معه بشكل وديّ كما كان من قبل. وفي أحد الأيام قال الربُّ ليعقوب: «ارجع إلى أقاربك في أرض أجدادك، وأنا سوف أباركك».

أرسل يعقوب لاستدعاء راحيل وليئة لتقابلاه في الحقل حيث كان يرعى أغنامه هناك، وقال لهُما: «أبوكما لا يتعامل معي بمودّة كما اعتاد أن يُعاملني من قبل، لكنّ إله أجدادي الذي أعبده وقف بجانبي. أنتما تعرفان أنني عملت بجدّ عند والدكما، ولكنّه استمرّ بخداعي بتغييره لأجرتي مرّة بعد الأخرى. لكنّ الله حماني».

فكّرفي ....

• كيف خُدِعَ يعقوب من حميه وأشقّاء زوجتيه؟
• لماذا قرّر (يعقوب) العودة إلى بلده؟

ناقش

• كيف ستكون ردّة فعلك إذا تعرضت لسوء المعاملة أو الاستغلال من جانب ربّ العمل؟
• هل تشعر وكأنّك تُقاتل لتجد لنفسك مكانًا أم أنك تشعر أنّ الرحيل أفضل؟

صلّ، مُستخدمًا عدد 7

«وأبوكُما غدَرَ بي وغيَّرَ معي في أُجرَتي عشْرَ مرَّاتٍ. ولَكنَّ اللهَ لم يدَعْهُ يُسيءُ إليَ».

اُرفض أن تُعاني بسبب الظُلم. اتكل على معونة الله.

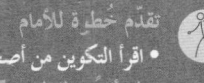

تقدّم خُطوة للأمام

• اقرأ التكوين من أصحاح 25 وحتّى أصحاح 36

انظر أيضًا المقطعين 5 و28 في هذا الكتيّب.

عن مكان

16 متى 5 : 43 – 48

• بالعودة للتعليم التقليدي، فإنّ يسوع قد دعا مُستمعيه ليكتشفوا طريقًا جديدًا للحياة مع الآخرين ولمحبتهم لهم.

أرفض الضغينة

سمعتم أنّه قيل: «تُحب قريبك وتُبغض عدوّك، أمّا أنا فأقول: أحبّوا أعداءكم وصلّوا لأجل كلّ شخص يُسيء مُعاملتكم. عندئذ ستكون تصرُّفاتكم مثل أبيكم الذي في السماوات. فإنّه يجعل الشمس تشرق على الأبرار والأشرار، ويُرسل المطر على الصالحين والأشرار. إن أحببتم الذين يُحبّونكم فقط، فهل سيكافئكم الله على ذلك؟ حتّى جُباة الضرائب يحبُّون أصدقاءهم فقط. إذا سلّمتم فقط على أصدقائكم فأيّ شيء عظيم قد عملتموه في هذا الأمر؟ أليس الخُطاة أيضًا يفعلون ذلك؟ يجب أن تفعلوا باستمرار كما يفعل أبوكم الذي في السماوات».

فكّر في ....

ما الجديد في التعليم الذي قدّمه يسوع؟
ما هي الحُجّة التي قدّمها يسوع ليُشجّع على محبّة الأعداء؟

ناقش

في حالتك، هل قابلت أناسًا تسبّبوا في مُعاناتك؟
هل يُعتبر تعليم يسوع قابلاً للتطبيق بحقّ عندما نُواجه بالرفض أو بالتمييز العنصريّ، أو بالتهديد بالطرد أو....إلخ؟

صلّ، **مستخدمًا عدد 44**

«أمّا أنا فأقولُ لكُم: أحبُّوا أعداءَكُم، وصَلُّوا لأجل الّذينَ يضْطَهدونكُم». إنّ محبّة الله تستطيع أنَ تُجري تحوُّلاً في حياة أيّ إنسان، حتّى لأولئك الذين آذوني وجرحوني، أولئك الذين قد يبدو لي أنني من المستحيل أن أحبّهم.

تقدّم خُطوة أعمق

• اقرأ متى من أصحاح 5 وحتى 7، ورسالة رومة أصحاح 14:12 – 21

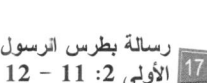

البحث

تصرَّف بطريقة لائقة

أصدقائي الأعزاء، أنتم أجانب وغرباء على هذه الأرض. لهذا أتوسل إليكم ألّا تستسلموا لشهوات الجسد التي تحاربكم. دعوا الآخرين يرونكم باستمرار وأنتم تتصرفون بطريقة لائقة، حتى ولو كانوا ما يزالون يتهمونكم بأنكم تخطئون. عندئذ في يوم الدينونة، سيمجدون الله عندما يذكرون الأعمال الحسنة التي شاهدونكم وأنتم تفعلونها.

46

الخطوة 3

17 رسالة بطرس الرسول الأولى 2: 11 – 12

• يُشجّع الرسول بولس المؤمنين أن يحترسوا بشأن سلوكهم.

 فكّر في ....
• من هُم الأجانب والغرباء؟
• ما الذي يُسَبِّب لهم المعاناة؟
• ما هو التصرُّف الذي ينبغي علينا أن نعمله عندما نُواجه بكلام قاسٍ أو باتهامات؟

ناقش
• هل تعرّضت يومًا للسب أو لكلمات جارحة، وماذا كانت ردَّة فعلك؟
• هل سبق لك أن عانيت من الرفض أو الاضطهاد بسبب مُمارساتك الدينية؟
• ماذا يعني لك «السلوك بطريقة لائقة» في المُجتمع الذي تعيش فيه؟

صلِّ، مستخدمًا عدد 12
«ولتكنْ سيرَتُكم بَينَ الأُمَم سِيرَةً حَسَنَةً حتى إذا اتَّهَموكُم بأنَّكُم أشرارٌ، نظروا إلى أعمالكُمُ الصّالِحَة فمَجّدوا الله يومَ يتفقِّدهم».
إنَّ الله يستطيع أن يساعدَني لأكون شاهدًا صالحًا له، أينما أعيش.

 تقدَّم خُطوة أعمق
• اقرأ رسالة بطرس الرسول الأولى أصحاح 2 : 11 –25، ودانيال من أصحاح 1–3

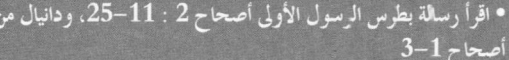

عن مكان
صلوات

أيها الرب الإله
أؤمن أنك أعطيتنا هذا العالم لنتقاسمه مع بعضنا البعض
وأؤمن أن هناك مكانًا لكل فرد في هذا العالم
سواء كان أسودًا أو أبيضًا، قويًا كان أم ضعيفًا
طويلاً كان أو صغيرًا، بارعًا كان أم ليس بارعًا بما يكفي
في عذاب المنفى،
في ضعف المشقة،
في حالة عدم اليقين من الغد
لا زلت الطفل الذي تحب
والذي وضعته هنا على الأرض
فقط حيث تريدني أن أكون
أنت قد ساعدتني في العثور على راحة بعد رحلتي الطويلة
لقد اعطيتني مكانًا لأعيش فيه،
قدماي تطأ أرضًا جديدة،
أنا الآن اكتشف أشخاصًا مختلفين،
لهم طرق مختلفة،
ان حياة جديدة قد بدأت بالنسبة لي
ووفقًا لوعدك،
ستكون (أنت) قوتي ودرعي.
نعم، يا رب، فأنت تراقب الآتي وما يحدث الآن،
وأنا أشكرك على كل نعمك وبركاتك.

رودريجو، البرازيل

يا رب السماء والأرض،
إله كل الشعوب،
اجعل هذه الدولة التي أرسلتنا إليها تكون شفوقة من نحونا.
ساعدنا لننجز كل ما أرسلتنا لنعمله هناك.
لتكن هذه الأرض منبعًا لبركتك لنا،
ولنكن نحن بالتالي بركة لها
وليكن كل المجد لك،
فأنت السيد الوحيد على الزمن وعلى كل الظروف.

لورانس، الغابون

الخطوة 4

هل كل الطرق مقبولة ؟

كيف نبدأ حياة جديدة ؟

لقد بحثت راعوث عن الزوج الذي يمكنه أن يحميها؛ وتعرّض إبراهيم لتجربة الكذب عندما شعر بالتهديد. لقد شجّعنا يسوع في تعاليمه أن نستخدم حكمتنا. لكنّ ما نصحنا به حقيقة هو الاتكال على معونة الله لنا، مع وضع الأشخاص الآخرين في الاعتبار.

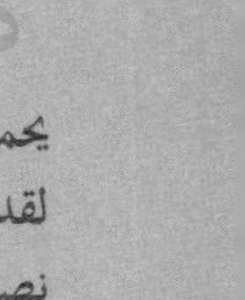

منذ أن غادرت بلدي من عشر سنوات وأنا قد واجهت العديد من الصعوبات وعانيت من الكثير من الخداع. لقد كان يراودني الأمل في العيش حياة أفضل فيها حرية وأمن في أوروبا. على العكس من ذلك، فقد كان علي مواجهة كل التحديات لحياة اللاجئين. أين أستطيع أن أنام؟ ماذا يمكنني أن أكل؟ كل يوم كان معاناة.

عندما رُفض طلب لجوئي ازدادت المشاكل سوءًا. لم اتناول الطعام لعدة أيام ولم يكن لي مكانًا لأسكن فيه. كلاجئ لم يسمح لي بالعمل حتى لو كنت محتاجًا للنقود. حقًا كنت بائسًا في هذا المجتمع حيث لم أجد أحدًا يظهر لي أي شفقة. لم أرى أي حل آخر سوى أن أصبح تاجرًا للمخدرات أو أن أسرق، لكنني لم أرد أن أفعل ذلك.

في أحد الأيام سألني أحدهم إن كنت أريد أن أبيع المخدرات لصالحه. لهذا بدأت في الصفقة. كنت أشعر بالذنب تجاه الله وتجاه عملائي لأنني كنت أعرف أن هذه المخدرات تدمر حياة هؤلاء الشباب. لكن ما كنت أحصل عليه من مال سمح لي بالعيش. لقد كنت أفضل أن أجد أي وظيفة أخرى حتى لو كانت من أكثر الوظائف إهانة.

بالعودة للمنزل كنت قد تعهدت بألاّ أتعاطى المخدرات على الاطلاق. في هذا الوقت كان إيماني المسيحي قويًا جدًا. لكن في أوروبا، هبطت حياتي الروحية، بسبب صعوبات الحياة اليومية.

شعرت بأني لم أعد أعيش نفسي من ذلك الحين. أحيانًا كنت أدخن المخدرات لأنسى معاناة تلك الحياة. كيف يمكنني أن أتغير وأخرج من كل هذا؟ شكرًا لله، في أحد الأيام وجدت بعض الناس الذين ساعدوني وتوقفت عن تعاطي المخدرات. لقد عدت مرة أخرى إلى طريق الإيمان المستقيم والضيق. في مركز الإعتقال حيث قضيت ستة أشهر شاركت خبرتي مع لاجئين آخرين. وبرغم أن وضعي لا يزال محفوفًا بالمخاطر والمشاكل، إلا أنني أعرف حدودي الآن، أعرف ما ينبغي وما لا ينبغي عليّ أن أفعله.

تيلور، ليبيريا

بعد رحلة طويلة على الأقدام ثم بالأتوبيس والطائرة، وصلنا أخيرًا لمحطتنا النهائية، ولكل ويا أسفاه، لم يكن شيئًا أمينًا ولا دقيقًا! فبمجرد أن تبدأ في فك أغراضك، إذا بخطاب يأتيك معرفًا إياك بأنه لا مكان لك هنا. عندئذ أنت لا تستطيع النوم، وستفقد شهيتك، والحنين للوطن والغربة والوحشة ستأكل كل هذه قلبك.

لقد انتهيت بنسيان الدفء العائلي، ونسيان أمان منزلك الخاص، وروعة الوجبة الساخنة. عندئذ ستسأل نفسك، أين هو إلهنا؟ ذاك الذي هو محبة وكلي القوة والقدرة، إنه يبدو غائبًا من المشهد. لكنه بالرغم من صمته، انه يقف هنا بجوارنا، كي يشجعنا ويرفعنا حينما يحيط بنا الحزن والأسى من كل الجوانب.

إيفون، رواندا

هل كل الطرق

هل نكذب بدافع الضرورة؟

18 التكوين 10:12-20

• عندما ذهب أبرام (إبراهيم) إلى مصر مع زوجته ساراي (سارة)، اختار أن يكذب لأنّه كان خائفًا على حياته.

و حدثت مجاعة، ولم يكُن هناك طعام في أيّ مكان في الأرض. لذلك ذهب أبرام وزوجته ساراي ليعيشا لفترة في أرض مصر. لكن قبل أن يذهبا قال إبراهيم لزوجته: «ساراي، أنت حقًا إمرأة جميلة! وعندما يرى المصريُّون إلى أيّ حد أنت جميلة، فإنّهُم سيقتلونني لأنّني زوجك. لكنّهم لن يقتلونك. لذا قولي إنّك أختي من فضلك لتنقذي حياتي». وبمجرّد وصول أبرام وساراي إلى مصر، لاحظ المصريُّون كم هي جميلة. فأخبر مسؤولو الملك ملكهم عن ساراي، فأخذت إلى قصره. كان الملك كريمًا مع أبرام بسبب ساراي فأعطاه أغنامًا وأبقارًا وحميرًا وعبيدًا وجمالًا.

وبسبب سارة ضرب الرب الملك وأعوانه بأمراض قاتلة. فأرسل الملك واستدعى أبرام وقال له: «ما هذا الذي فعلته معي؟ لماذا لم تُخبرني بأنّ ساراي هي زوجتك؟ لماذا جعلتني أعتقد أنّها أختك؟ لقد كنت

مقبولة ؟

سأتخذها زوجة لي. والآن، خذها وارحل! إنّها زوجتك».
لذلك أمر الملك معاونيه أن يجعلوا أبرام يرحل مع زوجته ساراي ويأخذ معه كل ممتلكاته.

فكّر في ....

- لماذا كذب أبرام على فرعون فيما يتعلّق بزوجته ؟ هل كان لديه اختيار آخر؟
- تخيّل كيف فكّرت سارة في هذا الموقف؟ ما هي مكانة المرأة في هذه القصّة الكتابيّة ؟
- لماذا تم ترحيل إبراهيم خارج البلد ؟

ناقش

- في رحلتك، هل كذبت أو أخفيت أمورًا لأنك شعرت بأنه لا خيار لديك؟
  هل كان هناك آخرون متورطون ؟
- ماذا كانت النتائج سواء إيجابية أو سلبية ؟

صَل، مُستخدمًا عدد 18
«ماذا فعَلْتَ بي ؟.....................»
فكّر في هؤلاء الذين ضُلّلوا أو جُرحوا بسبب اتّجاهاتك أو كلماتك.

تقدَم خُطوة أعمق

- اقرأ التكوين من أصحاح 12 حتّى 25 (على وجه الخصوص 20 :1-11).
انظر أيضًا المقاطع من 1 إلى 9 في هذا الكتيب.

العثور على زوج وشخص يحمي

19 راعوث 3:1-13

- كانت راعوث أرملة وغريبة في بني إسرائيل. ولقد شجّعتها حماتها نُعمة على الاقتراب من بوعز على أمل أن يكون هو الحامي لها.

وفي أحد الأيام قالت نُعمة لراعوث: «لقد حان الوقت لأجد لك زوجًا، وهو سوف يوفر لك مأوى ويعتني بك. يجب أن تذهبي وتلتقطي الحبوب مع النساء اللواتي يعملن في حقل بوعز. وأنت تعلمين أنّه قريب لنا. هذه الليلة سيقوم بتذرية الحبوب. الآن اغتسلي وضعي بعض العطور، وارتدي أفضل ملابسك، ثمّ اذهبي إلى حيث يعمل، لكن لا تدعيه يراك حتّى ينتهي من طعامه وشرابه. راقبي المكان الذي سيذهب ليقضي فيه ليلته، وعندما ينام، اذهبي وارفعي الغطاء عنه من جهة قدميه واستلقي هناك عند رجليه. وهو سوف يخبرك بما يجب أن تقومي به.
أجابت راعوث: «سأفعل كلّ ما تقولينه لي» فذهبت راعوث إلى المكان الذي كان يعمل فيه بوعز وفعلت كلّ ما قالته لها نُعمة.
بعد أن انتهى بوعز من الأكل والشرب وطابت نفسه، جاء عند طرف كومة الحبوب وسقط نائمًا، فتسلّلت إليه راعوث وكشفت الغطاء جهة رجليه ونامت.
وعند منتصف الليل، استيقظ بوعز فجأة وصُدم عندما رأى امرأة مُستلقية عند قدميه، فسألها: «من أنت؟».
أجابت راعوث: «يا سيد، أنا راعوث، وأنت القريب الذي من المُفترض أن يعتني بي، لهذا ابسط طرف عصاك عليّ».
أجاب بوعز: «ليباركك الرب! إنّ هذا الموقف يُظهر بحقّ ولاءك تجاه عائلتك. لقد كُنت تستطيعين البحث عن شاب صغير، سواء كان غنيًّا أم فقيرًا، لكنّك لم تفعلي. لا تقلقي، سأفعل لك ما طلبتيه منّي. جميع من في

البلدة يُقدّرونك. صحيح ما قلتيه لأنّي واحد من الأقارب الذين من المُفترض بهم أن يرعوك، لكن يوجد من هو أقرب نسبًا لك منّي. امكثي هُنا حتّى الصباح، وسأعرف إن كان على استعداد أن يعتني بك أم لا. وإن لم يكن مُرحّبًا بهذا، فأنا أعدك باسم الله الحيّ بأن أرعاك بنفسي. الآن لنعود للنوم حتّى الصباح».

فكِر في ....

- **لماذا كانت راعوث تبحث عن زوج لها؟**
- **كيف اتّجهت لتحقيق هذا؟**
- **لماذا انجذب بوعز لراعوث؟**

ناقش

- **كثير من الرجال والسيدات يفكّرون أنّهم بإمكانهم حل مشاكل الإقامة في البلاد الجديدة عن طريق الزواج، وأحيانًا تحثهم عائلاتهم على ذلك. هل قصّة راعوث تُساعدنا على التفكير في هذه القضيّة؟**
- **فكر أيضًا في المواقف التي أنت معتاد على مواجهتها والتعامُل معها.**
- **قيّم الإيجابيات والسلبيات. ضع نفسك مكان الشريك الآخر (الزوج أو الزوجة).**

صلِّ، **مُستخدمًا عدد 12**

«... لأنَّ جميعَ أهل مدينَتي يعرفونَ أنَّك امرأةٌ فاضلَةٌ. نعم أنا وليُّ أمركِ...» الشخص المقدَّر (المَحترم)، هوَ الشخصَ الذي لا يَخون ولا يُخيّب ثقةَ شخص آخر، بمعونة الله!

تقدّم خُطوة أعمق

- **اقرأ سفر راعوث**

أنظر أيضًا المقطعين 4 و14 في الكُتيب.

هل كل الطرق

تصرّف بفطنة

20 **لوقا 16 : 1-8**

- في هذه القصة المدهشة، شجع يسوع تلاميذه أن يظهروا قدرًا من الذكاء والفطنة في علاقتهم مع الآخرين.

قال يسوع لتلاميذه: في احدى المرّات كان لرجل غني وكيلاً ليعتني بمصالحه التجاريّة. ولكن قيل له إنّ الوكيل الذي يعمل لديه بّدد ماله. لهذا دعاه الرجل وقال له: «ما هذا الذي أسمعه عنك؟ قُل لي ماذا فعلت، فأنت لا تصلح بعد اليوم لأن تكون وكيلاً لي». فقال الوكيل في نفسه: «ماذا أفعل الآن؟ سيطردني سيّدي وأنا لا أستطيع القيام بأعمال الفلاحة، وأستحي من التسوُّل. الآن عرفت ماذا سأفعل حتّى يُرحّب بي الناس في بيوتهم بعد أن أفقد وظيفتي....»

عندئذ دعا الوكيل الناس الذين كانوا مديونين لسيده واحدًا تلو الآخر. وسأل الأوّل: «كم عليك دينًا لسيدي؟» فأجاب: «مئة كيل من الزيت». قال الوكيل: «خُذ صكوكك واجلس في الحال واكتب خمسين»، وسأل الوكيل شخصًا آخر كان مديونًا لسيده: «كم عليك لسيّدي؟»، فأجاب قائلاً: مئة كيل من القمح»، فقال الوكيل: «خُذْ صكوكك واكتب ثمانين». فمدح السيّد وكيله الخائن على فطنته، لأنّ أبناء هذا العالم أكثر فطنة من أبناء النور في مُعاملة أمثالهم.

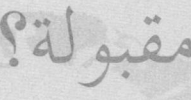

مقبولة؟

فكّر في ....

- ما هو التهديد الذي واجهه الوكيل الخائن؟
- ما هو الحل الذي وجده؟
- لماذا مدحه سيّده؟

ناقش

- كيف يمكن لهذه القصة أن تكون مفيدة في وضعك؟
- هل ذكّرتك هذه القصة بمواقف مُشابهة واجهتها؟
- ما هو الحد الفاصل فيما بين الفطنة والخيانة؟

صلِّ، **مُستخدمًا عدد 8**

«...لأنَّ أبناءَ هذا العالَم أكثَرُ فِطنَةً منْ أبناء النّـور في مُعامَلَة أمثالِهِم».
دعني أكون ماهرًا وذكيًّا في خدمة الآخرين كما أكون في رعايتي لنفسي!

تقدّم خُطوة أعمق

- اقرأ لوقا من أصحاح 16 إلى أصحاح 19

هل كل الطرق

21 **متى 7 : 7-14**

- أوصى يسوع يطلب معونة الله والثقة في صلاحه، كما دعا كلّ واحد أن يفكر في اختياراته في الحياة.

اقرع الباب الصحيح

تابع يسوع قائلاً: «إسألوا تعطوا، أُطلبوا تجدوا، دقوا عندئذ سيُفتح لكم الباب. كلّ من يسأل ينل، وكلّ من يطلب يجد، وكل من يدقُّ الباب يفتح له. هل أعطى أحدكم ابنه الجائع حجرًا عندما سأله ابنه بعض الخبز؟ هل تعطى ابنك حية عندما يطلب منك سمكة؟ فإن كنتم وأنتم أشرار لا تزالون تعرفون أن تُعطو عطايا حسنة لأبنائكم. لكنّ أبوكم السماوي أكثر استعدادًا منكم على اعطاء أشياء جيّدة لأولئك الذين يسألونه.

عاملوا الآخرين كما تريدون أن يعاملونكم. هذه هي خُلاصة الشريعة وتعاليم الأنبياء.

تابع يسوع حديثه قائلاً: «ادخلوا من الباب الضيّق. فالباب الذي يؤدي للهلاك واسع، والطريق المؤدّي إلى الهلاك سهل، لكنّ الباب الذي يُؤدّي إلى الحياة ضيّق جدًّا، وما أقلّ الذين يهتدون إليه.

مقبولة ؟

فكّر في ....

- عندما يقول لنا يسوع أن نسأل أو ندق الباب، فما الذي يعنيه بذلك؟
- لماذا استخدم في حديثه مثل الآباء وأبنائهم؟
- ما هو الارتباط بين الطلب من أجل نفسك وأن تطلب لأجل الآخرين؟
- ما هما الطريقان اللذان وصفهما يسوع ؟

ناقش

- عندما وصلت إلى المكان الجديد، ترى أيّة أبواب قرعتها أوّلاً؟
- هل تلقيت استجابات لأيّ من صلواتك؟
- في وضعك، من هم «الآخرون»؟
- ماذا يُمثّل كل من الطريقين الواسع والضيق بالنسبة لك؟

صلِّ، مُستخدمًا عدد 7

«إسألوا تُعطَوا، أُطلُبوا تَجدوا، دُقُّوا البابَ يُفتحْ لكُم».
الله يسمعني عندما أدقّ على بابه.

تقدّم خُطوة أعمق

- اقرأ متّى من أصحاح 5 إلى أصحاح 7 (على وجه الخصوص 7 : 21 – 29)

هل كل الطرق

"أرفع عيني إلى الجبل، إلى حيث يأتي عوني
عوني من عند الرب،
خالق السماوات والأرض
لا يدع قدمك تزل.
لأن حارسك لا ينام
حارس إسرائيل لا ينام.
حارس إسرائيل لا ينعس
الرب حارس لك، الرب ظل عن يمينك،
فلا تؤذيك شمس النهار،
ولا يؤذيك القمر في الليل
يحرسك الرب من كل سوء.
يحرس الرب نفسك
يحرسها في رواحك ومجيئك.
من الآن وإلى الأبد"

المزمور 121

مقبولة ؟

صلوات

كل آمالنا تحطمت
لقد فقدنا منقذينا
والحياة نفسها أصبحت بلا معنى.
ما ردك على هذا يا رب؟
والآن
عرِّفنا يا رب ما تنوي فعله إزاء كل هذا !

ب. موكان، سريلانكا

يا الله أبي،
انا آتي إليك من خلال يسوع المسيح ابنك
هذا الذي كان غريبًا مثلي، ومجرب مثلي، لكنّه غلب الشر
انا أرجو رحمتك وغفرانك. كل هذه السنين كنت أبحث عن
النجاح، مستخدمًا كل السبل المتاحة لي لأرضي كبريائي
وشهوتي ولأعمل لنفسي مكانًا.
لكن المسني بنعمتك اليوم واجعلني أداة (وسيلة) لسلامك.
وحيثما تعودت أن أزرع شوكًا وشرًّا ويأسًا، أعطني القوة
لأغرس ازهارًا وأملاً ورحمة.
وحيثما غرست الأنانية، دعني أزرع العطف والتسامح.
اقض على نفاقي وريائي وكذبي،
اجعلني متواضعًا وكن أنت حاميّ

كسافيِّه، مدغشقر

الخطوة 5

العثور على مكان للاستقرار

بعد أن وصلنا لبلد جديد، لا بد أن نجد لنا مكانًا لنستقر فيه، لقد أعطت كلمة الرب مؤشّرات مُتعدّدة عن كيفية الإندماج بنجاح.

إنّه لزامًا علينا جميعًا أن نُفكّر في جودة ومزايا الدولة التي نعيش فيها: وأن نتجاوب مع هذه المزايا جميعها وليس مع ما يعجبنا منها فقط، وأن نُصلّي للسُلطات وللمُجتمع ككل.

إنّه شيء هام أن نظلّ أمناء لله، وأن نسعى جاهدين لنتقابل مع المؤمنين الآخرين.

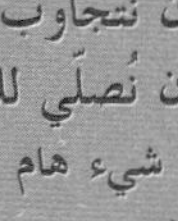

ها أنا أقف أمام بابك،
أخي وأختي،
صديقًا لكل البشر من كل قبيلة ولسان
أنت الذي ربتَّ على كتف تيمور، وكوفي، ونجوين
أنت الذي أحببت مذاق الفانتا وموسيقى وطعم هذا البلد
آه أنت يا أخي
أنت الذي ربما تعرف جيدًا أفراح وأحزان السبي، ها أنا أقف
أمام بابك
تمامًا مثل مريم ويوسف ويسوع، الذين فروا من مذبحة هيرودس
أنا آتي لأخفي حياتي في المدن الآمنة لبلدك هذا:
ففي المكان الذي أتيت منه كانت كل الأبواب موصدة
لقد صرت غريبة في أرض مولدي
لذا لقد أتيت لأجد ملجأ في الأرض التي كبرت فيها أنت
أتيت لكي أبدأ حياة جديدة بعيدًا عن أسرتي:
هناك في أرض الأجداد،
كان مستقبلي يملؤه الألم والمعاناة...
والآن أنا هنا على أبوابك.
مثل راعوث التي تركت بلدها
لتبدأ حياة جديدة في موطن آخر،
أرجوك دعني ألتقط بعض السنابل،
التي تكفيني فقط لأطعم عائلتي
أنا أقف الآن على أبوابك يا أخي ويا أختي:
لم نرد أنا ولا أنت أن يكون حالنا هكذا
لكننا الآن هنا، أُعطِينا أحدنا للآخر......
تمامًا مثلما كان يوسف عبدًا في مصر،
البلد الذي تبناه استخدم حكمته ليخدم
أنا أريد أن استخدم كل مواهبي لأخدم البلد التي قبلتني.
دعني أعطيك كل ذاتي.
دعني أكون أخاك وأختك.

راعوث، الكونغو

العثور على

شارك في ازدهار الدولة

22 إرميا 29: 4 - 7

• إنّ إرميا النبي الذي بقي في إسرائيل، أرسل رسالة لليهود الذين قد سباهم أعداؤهم إلى بابل.

كتب في هذه الرسالة: هكذا قال الرب القدير إله بني اسرائيل لكل السبي الذي سبيته من أورشليم إلى بابل. الآن ابنوا بيوتًا واسكنوا هناك. اغرسوا جنّات وكلوا ثمرها. خذوا نساء ولِدوا بنين وبنات، ساعدوا أبنائكم ليجدوا زوجات لهم، وأيضًا ساعدوا بناتكم لتجدنَّ لهنَّ أزواجًا فيلدن أيضًا أولادًا. أريدكم أن تكثروا هناك ولا تقلّوا.

فكر في.........

• **في هذه الرسالة ما هي الأشياء المختلفة التي اقترحها النبى المتكلم على لسان الله، كي يعملوها؟**

• **هل تعتقد أن هذه الرسالة فاجأت مُستلميها؟ ولماذا؟**

ناقش

• **هل تشعر باستقرار جيد في بلدك الجديدة؟**

• **إننا عادة ما نفكر أولاً في سعادتنا الشخصيّة. كيف يمكننا أن نساهم أيضًا في إسعاد البلد التي نقيم فيها؟**

صلِّ، مُستخدمًا العدد7

«إعمَلوا لِخيرِ المدينةِ التي سبَيتُكُم إليها، وصلُّوا مِنْ أجلِها. ففي خيرِها خيرُكُم».

لأساهم في صنع أحوال حسنة للبلد التي أقيم فيه ولمن يسكنون فيه.

تقدم خطوة أعمق

• **اقرأ إرميا من أصحاح 29 وحتى أصحاح 31**

مكان للاستقرار

صلّ لأجل كل واحد على حدة، ولأجل السلطات

أطلب قبل كل شيء، منك يا تيموثاوس أن تصلي من أجل كل واحد على حدة. اسأل الله أن يساعدهم ويباركهم جميعهم، واخبره كم أنت شاكر له من أجل كل واحد منهم. صّل من أجل الملوك ومن أجل أولئك الذين في منصب، لكي نعيش حياة هادئة عامرة بالسلام ونحن نعبد ونكرم الله. هذا النوع من الصلاة حسن ويبهج الله مخلصنا الذي يريد أن يخلص جميع الناس ويبلغوا إلى معرفة الحق.

23 1 تم 2 : 1 – 4

الخطوة 5

• يعطي الرسول بولس أسبابًا للصلاة من أجل الآخرين، في توصياته التي أعلنها لتلميذه تيموثاوس.

فكّر في ....
• ما هي الأنواع المختلفة من الصلوات التي اقترحها الرسول بولس؟
• هل الغرض الأوحد من الصلاة هو أن نعيش نحن حياة هادئة مُطمئنة؟
• ما الذي تعتقد أن الله يرجوه أو يتوقعه أكثر من ذلك؟

ناقش
• لماذا يجب علينا أن نُصلّي لأجل الآخرين؟ وما الذي يمكننا أن نطلبه بالنيابة عنهم؟
• من هم المقصودون بـ «السلطات» الذين يجب علينا أن نُصلّي لأجلهم؟ هل يكون أحيانًا من الصعب علينا أن نعمل أمرًا كهذا؟ من وجهة نظرك ما هو السبب من وراء ذلك؟

صلّ مستخدمًا العددين 3، 4
«... الله مُخَلِّصنا الّذي يُريدُ أَنْ يخلُصَ جميعُ النّاس ويَبلُغوا إلى مَعرِفة الحَقّ».
إنَّ محبّة الله غير محدودة، وما زال الكثيرون مدعوون ليكتشفوها!

تقدم خطوة أعمق
• اقرأ رومة أصحاح 13 : 1– 10

العثور على

ارتبط بمجتمع المؤمنين

لقد أمضوا أوقاتهم في التعلُّم من الرسل، وقد كانوا جميعًا معًا كأسرة واحدة لبعضهم البعض. أيضًا كسروا الخبز معًا وصلُّوا معًا.

يوم تلو الآخر كانوا يتقابلون معًا في الهيكل. لقد مارسوا كسر الخبز معًا في منازل متفرقة وتشاركوا في الأكل معًا بسعادة وحرية بينما كانوا يسبحون الله. لقد أحبهم الكُل ويوما فيوم كان الرب يضم لجماعتهم أولئك الذين يخلصون.

24 **أعمال الرسل**
2 : 42، 46، 47

• إن هذا الجزء الكتابي يصف لنا جماعة المؤمنين الأولى، أولئك الذين قبلوا الروح القدس. إنّه يرينا كيف كانوا يعيشون معًا كمسيحيين مؤمنين، اعتمادًا على مبدأ أنّ كل شيء بينهم كان مُشتركًا.

فكّر في ....

- **ما هي الأنشطة المختلفة التي كانوا يُمارسونها معًا؟**
- **ماذا يعني «كسر الخبز»؟**
- **لماذا تعتقد أنهم كانوا محبوبين؟**

ناقش

- **في الدولة التي تقيم بها، هل مجموعات الصلاة التي أنت مرتبط بها فاعلة وناشطة؟**
- **ما الذي يمكنك تعلمه من الاتحاد للصلاة معًا هناك؟**
- **ما الذي يمكنك أن تقدمه (تساهم وتشارك به) تجاه المؤمنين الآخرين؟**

صلِّ **مستخدما عدد 42**

«وكانوا يُداوِمونَ على الاستماعِ إلى تَعليمِ الرُّسُلِ وعلى الحيةِ المُشتَركَةِ وكَسْرِ الخُبزِ والصَّلاةِ».

مارس الشركة مع المؤمنين الآخرين: كل واحد يستطيع أن يعطي وأن يأخذ.

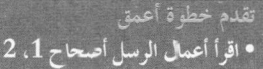

تقدم خطوة أعمق

- **اقرأ أعمال الرسل أصحاح 1، 2**

مكان للاستقرار

كن نشيطًا ومخلصًا الله

25 **أعمال الرسل 16: 13 – 16**

• لقد حدثت هذه القصة في مدينة فيلبي المستعمرة الرومانيّة الهامة. كان الرسول بولس قد توقّف هناك وقابل ليديّة، الغريبة التي كانت قد استوطنت هناك.

وفي يوم السبت خرجنا من بوابة المدينة إلى مكان محاذٍ لضفة النهر، متوقعين أن نجد هناك مكان اجتماع يهودي للصلاة. فجلسنا نتحدث إلى النساء المجتمعات هناك الواتى أتينَّ. كانت واحدة منهنَّ اسمها ليديَّة، من مدينة ثياتيرا وقد كانت بائعة للأرجوان الغالي السعر، ذلك القماش البنفسجي اللون. كانت ليديَّة عابدة للرب الإله، وقد كانت على استعداد لقبول ما قاله بولس. فلما تعمدت هي وأهل بيتها، قالت لنا راجية: «أدخلوا بيتي وأقيموا فيه إذا كنتم تحسبوني مؤمنة بالرب». فأجبرتنا على قبول دعوتها.

فكّر في .....

ما الذي يعلمه لنا هذا الفصل الكتابي عن هذه المرأة (ليديّة) من جهة: عملها، خلفيّتها، ديانتها وشخصيّتها؟

ما الذي أخذته ليديّة من الرسول بولس؟ وما الذي اخذه الرسول بولس من ليديّة؟

هل تعتقد أن ليديّة شاركت بطريقة جيّدة (التحمت وتكاملت) في المجتمع الذي كانت تعيش فيه؟

ناقش

هل قصة ليديا هذه تذكرك بأية امرأة تعرفها؟

هل هناك أي ارتباط بين إيماننا وثقتنا بالله، وبين نجاحنا في الحياة؟

صلِّ **مستخدما العدد 15**

«فلمَّا تعمَّدت هيَ وأهلُ بيَتها، قالَت لنا راجيةً: 'أُدخُلوا بَيتي وأقيموا فيه إذا كُنتُم تَحسُبوني مُؤمِنةً بالرَّبِّ' ...»

كن قريبًا من الرب ومارس الضيافة (استضافة الغرباء)

تقدم خطوة أعمق

• اقرأ أعمال الرسل من أصحاح 15 : 36 وحتى أصحاح 18

العثور على

انجح بالرغم من الصعوبات

26 التكوين 39 : 1ـ12، 19ـ23

• عاش يوسف حياة مُضطربة: بيع كعبد من إخوته، انضم للمجتمع المصري وخدم على نحو متزايد في مواقع مؤثرة عديدة، واجه أكاذيب وادعاءات مُغرضة، وأخيرًا صار المشير الأعلى لفرعون.

أخذ الإسماعيلون يوسف إلى مصر، وباعوه لفوطيفار، الذي هو مسؤول الملك في الحرس الرئاسي. عاش يوسف في بيت فوطيفار سيده المصري. وأدرك فوطيفار بسرعة أن الرب كان مع يوسف يساعده فكان يوسف ناجحًا في كل ما فعل. أحب فوطيفار يوسف وعينه مساعدًا شخصيًا له، وجعله مسؤولاً عن كل بيته وكل ما كان له. بارك الرب بيت وعائلة فوطيفار وحقوله بسبب يوسف. فترك فوطيفار كل ما كان له تحت تصرف يوسف وعند وجوده لم يكن فوطيفار يتخذ أي قرارات في البيت إلا قرار اختيار ما الذي يحب أن يأكل.

كان يوسف حسن البنية والمنظر أيضًا وقد لاحظت زوجة فوطيفار ذلك. فسألته أن يأتي ويضطجع معها، لكنه رفض وقال لها: «هوذا سيدي لا يقلق بشأن أي شيء في بيته، لأنه عينني مسؤولاً عن كل ما له. لا يوجد في هذا البيت من هو أعظم أو أكثر أهمية منيّ. سيدي لم يمسك عني شيئًا غيرك لأنك امراته. فكيف اصنع هذا الشر العظيم واخطئ الى الله». ظلت زوجة فوطيفار تستجدي يوسف يومًا بعد يوم، لكنه رفض أن يقوم بما أرادت أو حتى أن يقترب منها.

في أحد الأيام ذهب يوسف إلى منزل فوطيفار ليقوم بعمله ولم يكن هناك أي من الخدم الأخرين بالداخل. فأمسكته زوجة فوطيفار وجذبته من ردائه وقالت: «ضطجع معي!» جرى يوسف خارجًا من المنزل تاركا إياها وهي متعلقة بردائه.

وبعد ذلك انتقمت زوجة فوطيفار من يوسف بأن اشاعت أكاذيب باطله ضدّه عند زوجها.

مكان للاستقرار

فكر في ....

- ما هي النجاحات التي أحرزها يوسف؟
وما هي الصعوبات التي واجهها؟
- كيف كان رد فعله تجاه ما واجهه من صعوبات؟
- ما هي الدلائل التي تظهر أن الله كان معه؟
- لماذا كان رؤساء يوسف يثقون به؟

ناقش

- هل عندما تواجهنا صعوبات، فهذا يعني أن الله ليس معنا؟
- ماذا تكون ردة فعلنا عندما تواجهنا الصعوبات؟
- هل علينا ان نسعى نحو النجاح؟
كيف يمكن لنجاحنا أن يُستخدم لمعونة الآخرين أيضًا؟

صلِّ، **مستخدما العدد 21**

« وكانَ الرّبُّ معَ يوسُفَ فأَمَدَّهُ بِرَحمَتِه وأنالَه حُظوَةً عِندَ قائدِ الحِصْنِ.. »

إنَ النَجاح الحقيقي هو أختبار لطف الله ووجوده في حياتي

تقدم خطوة أعمق

- **اقرأ التكوين الأصحاحات من 37 وحتى 41**

انظر أيضًا المقطعين 2، و28 من هذا الكتيب

حمى

غضب فوطيفار جدًّا وأخذ يوسف وألقاه في نفس السجن الذي كان سجناء الملك يحبسون فيه.

بينما كان يوسف في السجن، ساعده الرب وكان صالحًا معه. حتى أن السجان جعل يوسف كنفسه وأعطاه المسؤولية عن السجناء الآخرين وعلى كل ما يتم القيام به في السجن. لم يكن السجان يخشى شيئًا، لأن الرب كان مع يوسف وكان ينجحه في كل ما يفعل.

أنا أدعوك يا رب من هذه الأرض الغريبة
أنت الذي قدتني لأرحل من موطني
أنت أرشدتني لأولئك الناس
ارعاني في كل خطوة في طريقي
أنت قدتني بعيدًا عن صخب الحرب، وحفظتني في أمان
أنت جففت دموعي وأعطيتني راحة.
بعيدًا عن أسرتي وأرض موطني، اعتقدت أنني لن أجد سلامًا على الإطلاق.....
لكنّك أتيت إليّ وأعطيتني راحة ونزعت مخاوفي.
أنت هو الإله الذي لا يتغير في كل البلاد،
أنت صديق أمين للمطرودين والذين يعانون،
أنت أريتني محبتك من خلال أولئك الذين عطفوا عليّ واعتنوا بي.
وبرغم انني بعيدة عن بيتي،
فلقد وجدت هنا أسرة جديدة وحياة جديدة
بفضل عينك التي تلاحظ وبفضل عنايتك المُحبة.
لهذا فأنا من هذه الأرض الغريبة التي أصبحت موطني، أنا أدعوك يا رب وأقدم لك الحمد.

راعوث، الكونغو

"أنت قدتني بعيدًا عن صخب الحرب، وحفظتني في أمان.
أنت جففت دموعي وأعطيتني راحة."

مكان للاستقرار

يا سيدي الرب أنا كل صباح أسلمك يومي. أسألك أن تريني شخصًا يكون بمقدوري أن أشارك محبتك معه.

أصلي لأجل أسرتي، وجيراني، ولأجل تلك البلد التي أقيم فيها الآن لا سيما لأجل الشباب هنا، وأصلي أيضًا لأجل موطني، وأولئك الذين بقوا هناك، أخي وأختي وأبي. أنا أعلم أنك تحيطهم بعنايتك هناك كما تحميني أنا هنا.

لقد تركنا موطننا منذ ست سنوات، والوعد الذي أنت أعطيته ليشوع ما زال حقيقيًا اليوم، «كل مكان تدوسه أقدامكم أعطيه لكم» (يشوع 1 : 3)

يا رب، أنت تعلم لماذا أنا هنا، وأنت تهتم بي.وأنت قد باركتني بطفلين رائعين. لدينا منزلاً لنقيم فيه، ولدينا الحرية لنقابل أناسًا جدد ونشاركهم عن محبتك لهم.

ومع ذلك، فهناك الكثير من المُشكلات في حياتي وفي حياة أولئك المُحيطين بي. ساعدني يا رب حتى لا تشلني مشاكلي إجعلني قادرًا أن اتبعك وأن أثق بك.

يا سيدى، أنا أشكرك على كل شيء. أنت صالح، وأنت ترحب بكل من يأتي إليك.

ناسيت، كوت ديفوار

الخطوة 6

هل الرجوع ممكن؟

نحن لا ننسى مطلقًا البلد التي وُلدنا فيها، ولا ننسى عائلتنا، الذين نفتقدهم دائمًا عندما نكون بعيدين عنهم. إنّ النسيان من المُمكن أن يعني انكار جزء كامل من حياتنا وجذورنا. وهذا الارتباط ما زال يقود الكثيرين أن يرغبوا في أن يُدفنوا (بعد موتهم) بالقُرب من محبوبيهم. لكنّهُم أيضًا أحيانًا ـ بسبب المشاكل التي تنشأ في البلد الجديد الذي وفدوا إليه ـ يُدفعون للرجوع لوطنهم الأصلي. وفي أحيان أخرى، يختار الناس العودة طواعية. وأحيانًا تكون أيضًا الرغبة في أن يكون لك دورًا في تنمية بلدك وتقديم مواردك لها حافزًا لك على الرجوع للوطن.

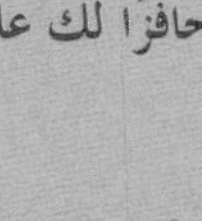

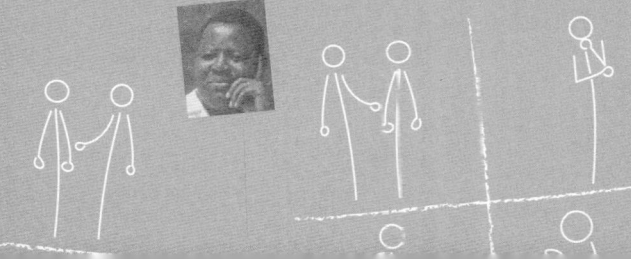

من مكان بعيد، رأينا أوروبا «كأرض اللبن والعسل» وكملاذ آمن ضد الطواعين التي عذبتنا في بلادنا الحبيبة. لقد أتينا لنعمل كعمال نظافة في بيوتكم ومحلات أشغالكم ومزارعكم، وكعمال في مصانعكم ومستشفياتكم. لقد وفّرنا كل قوّة العمل في صناعة السفن لديكم. كان عملنا مجهدًا وغالبًا خطرًا وقذرًا ومهينًا وسيء السمعة وغير آدمي. تعرّض الكثيرون منّا لمعاملة سيّئة خصوصًا لأننا مهاجرون ولون بشرتنا يختلف عنكم. لكن الفقر والظلم والحرب الأهلية والاضطهاد والرغبة في العيش هي التي دفعتنا لترك ديارنا وأهلنا.

ولسوء الحظ فإننا لم نشعر بذلك الترحيب المسيحي الدافيء لكن بدلاً من ذلك فقد ألقي باللوم علينا للأزمة الإقتصادية التي يمر بها مجتمعكم المنقاد بروح الربح. لقد نظرتم إلينا على اننا الوباء الذي لا بد أن يُطرد ويوضع تحت السيطرة. لذلك فنحن الآن نرتعد في خوف ولا نعلم ماذا يحمل المستقبل لنا.

الأمر الوحيد الذي كان يدفعنا قدمًا كان هو الرضى بأن المال الذي نرسله يساعد لإعالة أسرنا لتبقى على قيد الحياة، وأننا سنعود قريبًا لديارنا، هذا الحلم الذي أصبح على كل حال أسطورة ووهمًا.

في أعماقنا، كنا نحترق غضبًا وألمًا وإذلالاً. الغضب بسبب عجزنا؟، والألم من شعورنا بالوحدة، الإذلال تجاه فقداننا احترامنا لأنفسنا. الكثيرون منا سجنوا في هذه الحلقة المفرغة من الركوع أمام المراحيض لتنظيفها، ثم الركوع بعدها أمام الله كي يعطينا القوة لنستمر في عملنا هذا!!!

قيصر، الفلبين

هل الرجوع

الحنين للوطن

27 مزمور 137

• هذا المزمور رنّمه مجموعة من اليهود الذين نُفوا إلى بابل. لقد اعلنوا تمسُّكهم الثابت بأورشليم التي ترمز إلى وطنهم ودينهم في الوقت ذاته.

بجانب أنهار بابل هناك جلسنا. بكينا أيضًا عندما تذكّرنا أورشليم. لقد علّقنا أعوادنا الصغيرة على أشجار الصفصاف. لقد أحضرنا أعداؤنا هنا كمسبيين سجناء، وهُم الآن يريدوننا أن نُغنّي لهم لنطربهُم. لقد أهانونا وألحّوا علينا: «رنّموا لنا من ترنيمات صهيون...»

«.... نحنُ هُنا في أرض غريبة، كيف يمكننا أن نُرنّم للرب؟ يا أورشليم لتنسني يميني أي لتفقد يدي اليُمنى قدرتها، إن نسيتُك، ليلتصق لساني بحلقي إن كنت لا أذكرك ولا أعلي أورشليم فوق ذروة فرحي....»

«يا رب، اذكر بني أدوم وعاقبهم لأنّهُم يوم سقطت أورشليم صرخوا قائلين: «حطموا المدينة بالكامل، اهدموا كل مبنى بها حتّى الأساس. يا بابل، لقد حُكِم عليك! ليُبارك الرب كلّ من يُعاقبك على ما فعلتيه بنا. ليُبارك الرب كلّ من يمسك أبنائك ويضرب بهم الصخرة!»

فكّر في ...

- **كيف عبّر الكاتب عن حنينه لوطنه؟ ممَّا كان خائفًا؟**
- **كيف شعر حيال البلد التي كان يعيش فيها في وقت كتابته لهذه الكلمات؟**
- **هل تعتقد أنّه لا يزال في منفى؟**
- **كيف يمكن أن نفسر فوران الغضب في نهاية هذا المزمور؟**

ناقش

عند مواجهتك لصعوبات في البلد الذي تعيش فيه، هل تشعر بمشاعر سلبية؟ أي نوع ؟
لماذا يشعر الإنسان بافتقاده لوطنه؟
هل ذكرياتك تتوافق مع حقيقة الوضع؟

صلِّ، مُستخدما عدد 4
«كيفَ نُنشدُ نشيدَ الرّبِّ في أرض غريبة؟!»
حافظ على الإيمان والترنُّم للربّ حتّى في المنفَى.

تقدّم خُطوة أعمق

- **اقرأ إشعيا من أصحاح 60 وحتى أصحاح 62**

ممكن ؟

أين يجب دفن الميت ؟

استقر شعب بني إسرائيل في أرض جاسان، حيث اصبحوا مزدهرين ونمت عائلاتهم. عاش يعقوب هناك حوالى سبعة عشر عامًا قبل أن يموت في سنّ مئة وسبعا وأربعين سنة. عندما علم يعقوب أنّه لم يتبقّ له الكثير ليعيشه، دعى يوسف وقال له: «إن كنت حقًا تُحبُّني يجب أن تقطع لي عهدًا وثيقًا بألاّ تدفني في مصر. لكن ادفنّي حيث دُفن آبائي»، أجاب يوسف: «سوف أفعل ما طلبته منّي». فسأله يعقوب: «هل تعدني؟». أجاب يوسف: « نعم أعدك». بعد ذلك انحنى يعقوب وصلّى وسجد على رأس سريره.

28 **التكوين 47: 27 – 31**

• هاجر يعقوب إلى مصر مع أولاده وعائلاتهم. ولقد ساعده على البقاء هناك ابنه يوسف الذي كان المستشار الأعلى لفرعون.

فَكِّر في ....

- **لماذا لم يُرد يعقوب أن يُدفن في مصر؟**
- **ما هي المسؤوليّة التي أُلقيت على عاتق يوسف؟**

ناقش

- **هل المكان الذي ستُدفن فيه أنت أو عائلتك مهمٌّ بالنسبة لك؟**
- **هل لهذا الاختيار تأثيره على الآخرين؟**

صلِّ، مُستخدمًا عدد 29

«ولمَّا دنَت ساعتُهُ دعا ابَنه يوسُفَ وقالَ لَه: «برضاكَ عليَ ضَعْ يَدَكَ تَحتَ فَخذي واَحْلِفْ لي بأنْ تكونَ وفيًّا وأمينًا لي. لاَ تدفني في مصْرَ».
احترم الرغبة الشخصيّة العميقة لكلّ فرد فيما يتعلّق بالموت.

تقدّم خُطوة أعمق

- **اقرأ التكوين من أصحاح 49 حتى أصحاح 50**

انظر أيضًا المقاطع 2، 26 في هذا الكتيّب.

هل الرجوع

إعادة بناء بلد

29 **نحميا 1:1 – 5 و2:1 – 5**

• كان لنحميا اليهوديّ مكانَة مُتميّزة، فلقد كان موظفًا مدنيًّا لدى ملك فارس، وكان يعيش في شوشن القصر، بعيدًا جدًّا عن وطنه. لكنّ الوضع المأساويّ في أورشليم قاده للرجوع إلى وطنه.

كلام

نحميا ابن حكليّا، وفي كتابي هذا أروي ما حدث. في شهر كسلو في السنة العشرين لأرتحشَشتا ملك فرس، كنت في قصر شوشن العاصمة، عندئذ جاءني حناني أحد إخوتي مع رجال من يهوذا. فسألتهم عن اليهود الذين فرُّوا من الأسر في بابل، وسألتهم أيضًا عن مدينة أورشليم.

فقالوا لي: «هؤلاء المأسورون الذين بقوا يُواجهون كلّ أنواع المشاكل. إنّهُم في هوان وضيق شديد، وسور أورشليم مُنهدم وأبوابها محروقة بالنار». عندما سمعت ذلك، جلست وبكيت ونُحت أيّامًا عديدة، ولم أتناول طعامًا لشدّة حُزني، وصلّيت أمام إله السماء: «أيُّها الربُّ إله السماوات الجبار العظيم المخوف حافظ العهد والرحمة لمُحبّيه وحافظي وصاياه........»

في شهر نيسان، في السنة العشرين لأرتحشَشتا الملك، قدّمت له الخمر كما كنت أعمل قبل ذلك. لكن هذه كانت هي المرّة الأولى التي كنت أبدو أمامه مكمّدا (مُكتئبًا). لهذا سألني الملك: «لماذا تبدو حزينًا ؟ أنت لست مريضًا؟ بالتأكيد هناك أمر ما يُكدرك!». عندئذ خفت خوفًا شديدًا وأجبت الملك: «يا صاحب الجلالة، أتمنى أن يحيا الملك إلى الأبد، أنا حزين لأنّ المدينة حيث دُفن أسلافي في خراب ودمار، وأبوابها محروقة بالنار». عندئذ سأل الملك: «ماذا تريدني أن أفعل لك؟». فصلّيت إلى إله السماء، وقلت للملك: «يا سيد، إن حسُن عندك أيها الملك، أرجوك ارسلني إلى يهوذا، حتى أستطيع أن أعيد بناء المدينة حيث دُفن آبائي».

ممكن؟

فكّر في ....

• كيف تفاعل نحميا مع الأخبار التي جاءته من وطنه؟
• ما هو الشيء الذي أقلقه أكثر، هل الظروف التي كان يعيش فيها شعبه أم حالة أورشليم؟
• لماذا كان مُتردّدًا في التحدُّث مع الملك بهذا الشأن؟
• ماذا يكشف لنا المقطع السابق عن شخصيّة نحميا؟

ناقش

• هل تشعر بما يحدث في وطنك؟
• هل تريد أن تشارك في تطورها؟
• ما هو الشيء الأكثر أهمية بالنسبة لك أو لعائلتك: أهو البقاء في بلدك الحالية أم الرجوع لوطنك؟

صَلِّ، مُستخدمًا نحميا الإصحاح 2 وعدد 5

«..... إن حسن عندك أيها الملك، ورضيت عليّ أنا عبدك، ترسلني إلى يهوذا، إلى مدينة مقابرِ آبائي، لأعيد بناءها».

دعني أكون مستعدًا لمُساعدة وطني، ولأكون أيضًا مُستعدّا لمساعدة الدولة التي أعيش فيها الأن.

تقدّم خُطوة أعمق

• اقرأ سفر نحميا

هل الرجوع

العودة إلى عائلتنا

30 **لوقا 15: 11-32**

• إنّ الله يفرح فرحًا عظيمًا عندما يعود أيّ شخص إليه. ولكي يُرينا مقدار هذا الفرح، حكى يسوع قصّة العائلة المُفكّكة التي كانت تتكوّن من ولدين وأبيهما، تلك القصّة التي انتهت أخيرًا باجتماعهم معًا مرّة أخرى.

حكى يسوع قصّة أخرى: كان لرجل ابنين. قال الابن الأصغر لإبيه: «أعطني حصّتي من الأملاك» لذا فإنّ الوالد قسّم أملاكه بين ابنيه. ولم يمض وقت طويل بعد ذلك، فحزم الابن كلّ ما يخصّه وترك البيت ذاهبًا إلى بلد غريب، حيث أضاع كلّ ما يملك من مال بعيش مُسرف. فلمّا أنفق كلّ شيء، أصابت تلك البلاد مجاعة قاسية. وبسرعة لم يكن لديه ما يأكله. فذهب وعمل عند رجل في تلك البلد، وهذا الرجل أرسله ليرعى له خنازيره. وكان يشتهي أن يأكل من طعام الخنازير فلم يعطيه أحد أيّ شيء.

أخيرًا عاد إلى رشده وقال: «أبي عنده عُمّال وجميعهم عندهم ما يكفي ليأكلونه، وأنا هنا، أموت جوعًا! سأذهب إلى والدي وأقول له: «يا أبي، لقد خطأت أمام الله الذي في السماء وأمامك....» «... لم أعُد صالحًا بما يكفي لأدعى لك ابنًا. عاملني كأحد خُدّامك». استيقظ الابن الأصغر ورجع عائدًا إلى أبيه.

وبينما هو لا يزال بعيدًا، رآه أبوه وتأسّف تجاهه، فجرى ناحية ابنه واحتضنه وقبّله. عندئذ قال الابن: «يا أبي، لقد أخطأت أمام الله الذي في السماء وأمامك. لم أعُد صالحًا بما يكفي لأدعى لك ابنًا...». لكنّ الأب قال لخُدّامه: «اسرعوا واحضروا أفضل ثياب وألبسوه، وأعطوه خاتمًا لإصبعه وحذاء لرجليه، وأحضروا أسمن عجل واذبحوه وأعدّوه لنأكل ونحتفل. ابني هذا كان ميتًا ولكنّه الآن عاد من جديد للحياة. كان مفقودًا ولكنّه الآن وُجِد، وابتدأوا يحتفلون....»

وكان الابن الأكبر خارجًا في الحقل. لكنّه سمع عندما اقترب من البيت صوت الموسيقى والرقص، فدعا أحد الخدم مرارًا وسأل: «ماذا يحدث هنا؟» فأجاب الخادم «لقد عاد أخوك إلى بيته سالمًا معا في، وأمرنا والدك بذبح أفضل عجل». فغضب الأخ الأكبر غضبًا شديدًا لدرجة أنّه حتّى لم يدخل للمنزل. فخرج الأب خارجًا وترجّاه ليدخل. لكنّه

ممكن ؟

قال لإبيه: «لقد عملت لديك لسنين عديدة كأحد عبيدك وما عصيت لك أمرًا. وأنت لم تُعطني ولا حتّى جديًا واحدًا لأتعشّى به مع أصحابي، ولكن لما رجع ابنك هذا، بعدما أضاع مالك مع البغايا، أمرت بذبح العجل المُسّمن للاحتفال.

فأجابه أبوه: «يا ابني، أنت دائمًا معي، وكل ما امتلكه هو لك. ولكن كان علينا أن نفرح ونحتفل، لأنّ أخاك هذا كان ميتًا فعاش، وكان ضالاً فوُجد».

فكّر في ....

- هل تجد مفاجأة تثير الدهشة في هذه القصة؟
- لماذا ترك الابن بيت الأب؟
- ما هي الأحداث التي دفعته للعودة للوطن؟
- كيف رحب به كل من والده وشقيقه الأكبر؟

ناقش

- هل تعتقد أنّ هذه القصّة تتحّدث فقط عن محبّة الله، أم أنها تتحدّث أيضًا عن العلاقات الأسرية؟
- كيف تنعكس قصة الأب وابنيه على خبرتك الشخصيّة؟ أين تجد نفسك فيها؟
- في بعض الأحيان يكون من الصعب علينا العودة لعائلتنا، كيف سيكون رد فعل والداك تجاه أمر كهذا، وماذا عن أخوتك وأخواتك الذين بقوا في البيت؟

صلِّ، مُستخدمًا عدد 20 «فقامَ ورجَعَ إلى أبـيـهِ. فرآهُ أبوهُ قادمًا مِنْ بَعيد، فأشفَقَ علَيه وأسرَعَ إليه يُعانِقُهُ ويُقَبِّلُهُ..»

من المُمكن أن تستمر الروابط العائلية على الرُغم من الصعوبات والتوتُرات. إنّ محبّة الله أقوى!

تقدّم خُطوة أعمق

- اقرأ لوقا أصحاحي 14، 15

هل الرجوع

صلوات

يا رب، أنا أفكر في أولئك الذين تركتهم في أرضي المضطربة، والآن، أنه لمن الخطر الشديد أن أفكر في العودة. وعندما أشاهد النشرات الإخبارية في التلفاز، فإنني أصلي من أجل بلدي ومن أجل كل القارة، حتى يعيش الناس في سلام.
أنا لا أشعر بالحنين لموطني، فأنا أدرك أنه حيثما تقودني فأنا سأعتبره وطني. أنا أفكر في إرميا النبي الذي كان يحث المنفيين الذين رحلوا من بلادهم ليستقروا وليصلوا لتلك البلاد التي عاشوا فيها غرباء.
يا ربي وإلهي، أنا أعلم أنك تعدّني للمستقبل تمامًا مثلما أعددت يوسف وقت أن كان منفيًا بمصر. أنا لست أخشى العودة لموطني، لقد اجتزت تجارب عديدة هنا في أرض غربتي، حيث لا أتقن لغتهم.
يا رب، أنا مستعد أن أذهب أنا وعائلتي حيثما تريدنا أن نذهب. فأنت تعرف الأفضل لنا.

نانسي، كوت ديفوار

ممكن؟

بعيدا عنك يا بلادي الحبيبة، فإن قلبي يحن للعودة لوطني.
أنا أصلي ليلاً ونهارًا أن يأتي ذلك اليوم الذي فيه يمكن للأطفال أن يعودوا لوطنهم.

حينما تركتك كنت أنت مغطاة بالجثث، وكانت دماء الأبرياء تجري كالأنهار. إن هذه الخيالات والذكريات تتردد في خاطري، تلازمني كالوسواس وتعذبني، وإنني أخشى العودة للوطن.

كيف يمكنني ألاَّ أرتعب وأنت حتى لم ترقّ للأطفال والأحداث والعجائز و لم تحافظي عليهم؟ لا يزال صدى صراخهم في أذنيَّ.

ومع ذلك فإنني أثق أنك ستنهضين من جديد، وسوف تبرئين وتستعيدين سحرك وبهائك، وعندها فإنّك ستفتحين ذراعيك لأولادك ليعودوا إليك بكل ترحاب.

يا الله كلي القوة، أنت الذي خلّصت بني إسرائيل من يد المصريين، خلّص أهل موطني من يد قوى الشر. أعطهم قلوبًا نقية ممتلئة بالحب تجاه جيرانهم.

لقد افتقدت التلال الرائعة، والطيور التي كانت تغرد في الفصول المختلفة، وافتقدت كرم الضيافة. وأنا أصلي أن يأتي اليوم الذي تعود فيه كل الأشياء كما كانت قبل هذا الممات وقبل ليالي القتل هذه والتي خلفت الكثير من الأيتام ينتحبون. ليحل السلام والصفاء والأمن على حدودنا.

إيفون، رويندا

"حينما تركتك كنت أنت مغطاة بالجثث، وكانت دماء الأبرياء تجري كالأنهار. إن هذه الخيالات والذكريات تتردد في خاطري تلازمني كالوسواس وتعذبني، وإنني أخشى العودة للوطن."

الخطوة
7

الله قريب من كلّ واحد

يعرّفنا الإنجيل بقصّة يسوع المسيح. لقد عاش كغريب في موطنه. لم يكن مرتاحًا ولا آمنًا. «.... وأمّا ابن الإنسان فما له موضع يسند إليه رأسه». لوقا 9 : 58

ولكي يُساعد الناس كي يعرفوا الله، علّم يسوع الجموع بالأقوال، لكنّه أيضًا علّمهم بالطريقة التي عاش بها. لقد مات كرجل مُدان، حُكم عليه وسُمّر على الصليب على الرغم من أنّه كان بريئًا. ويُؤكد الكتاب المقدس أنّ الله أقام يسوع من بين الأموات لجميع الذين يؤمنون به. إنّ يسوع هو أكبر دليل على محبّة الله للبشر. ويسوع لم يُقدّم غفران الله وخلاصه للجميع فحسب، ولكنّ الكتاب المُقدّس يقول أيضًا: «... فلا يستحي أن يدعوهم إخوة». عب ٢ : ١١

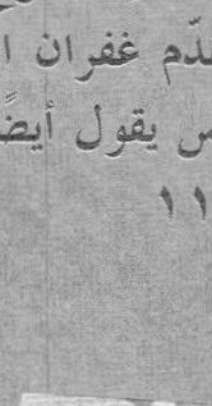

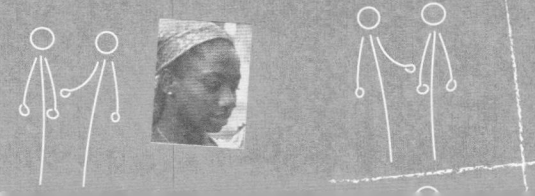

لقد ولدت في جنوب فيتنام في أسرة مسيحية، ونشأت بين أبوين رائعين علمانيين كيف أحب الله وأقدره. وبعد قيام الحرب الرهيبة في بلدي استولى الشيوعيون على السُلطة، وعانت أسرتي من الاضطهاد نتيجة لذلك.وعندما بلغت الثامنة من عمري قرر والداي أن يُبعداني بعيدا، فوضعاني في قارب مع ثلاثة من إخوتي البنات وسلّمونا بين يدي الله، تماما مثلما وضعت أم موسى طفلها في سلّة مصنوعة من القصب (الخروج 2).

لقد كنت أصغر بحار على متن تلك السفينة! وكانت الرحلة قد خطط لها أن تنطلق أثناء عاصفة حتى لا تثير ريبة وشك السلطات. لقد فُقدنا في البحر محمولين بالأمواج العاتية. وبدأت الإمدادات التي كانت لَدينا في النفاذ وبدأت أن أشعر بازدياد الذعر بين رفقائي المسافرين معي. بدأ أحد الأطفال في بكاء مستمر وأنا أتذكر كيف حاولت أن أمنحه راحة، لكنني أشهد أنني طوال هذه الرحلة لم أكن خائفًا أو متوترًا! لأنني كنت أعلم أن الله معي.

أنقذتنا سفينة صيد من تايلاند بمعجزة وما كان مقدرًا لها أبدًا أن تكون في هذه المنطقة في ذلك الوقت! ووصلنا تايلاند بسلام وتم تسكيننا بإحدي معسكرات اللاجئين هناك. وبعدها بستة أشهر مُنحنا حق السفر لفرنسا. لم أكن أعلم أي شيء عن تلك الأرض الجديدة ولا عن لغتها وكنت بعيدًا جدًّا عن والديَّ وأشعر أنني قد فقدتهما. كان الأمل الوحيد الذي كنت قد غادرت على أساسه هو الله. كنت أصلي لله يوميًّا قبل أن أنام وكنت كثيرا ما أبكي بسبب افتقادي لوالديّ وحاجتي الماسة لهما. كنت غالبًا ما أحلم نفس الحلم، وهو أنني أعود لبيتي فأجده خاليًا. وكان هذا الحلم دوما يذكرني بقصة يوسف وبيع إخوته له.

وذات ليلة تذكرت درسًا كنت قد تعلمته شفويًّا في فصلي. لقد أخبروني ان يسوع أحب الأطفال وأراد أن يكون صديقًا لهم. حدث هذا عندما كنت أتحدث مع يسوع وأخبره أنني أرغب أن أكون صديقًا له. وأنا نادرًا ما غاب عن ذهني أي من لقاءاتي وأحاديثي تلك معه. ولقد بدأت أقرأ الكتاب المقدس. وبالرغم من كل معاناتي وآلامي. كان لديّ سلام في قلبي لأن يسوع كان يريحني في كل يوم.

واليوم كإنسان بالغ، فإنني ما زال لديّ هذا الاتصال السهل والحر مع الآب من خلال ابنه يسوع المسيح.إن محبته وحضوره يريحانني ويقويانني ويصنعانني كما أنا الآن. أنا الآن متزوج ولدي طفل، والأمر الوحيد الذي أتمناه له أن يأتي ويتعرّف على يسوع المسيح، لأنه وقتها، ومهما قابله في الحياة (من ظروف) فإنني أثق أنّه سيكون أعظم من منتصر في اسمه.

كوك آنه، فيتنام

الربُّ قريب

الكلمة صار جسدًا

31 **يوحنا 1 : 1 – 14**

• هذا المقطع يتحدّث عن علاقة يسوع مع الله منذ البداية، ومجيئه إلى العالم لإعادة الحياة والنور لجميع الناس. لقد سُمّي يسوع «الكلمة».

في البدء كان الكلمة، والكلمة كان عند الله وكان هو بالحق الله. وبهذا لكلمة خلق الله كلّ شيء. لم يكن شيء بدون الكلمة. كلُ ما خُلق استمدّ منه الحياة، وحياته هي التي أعطت النور لكلّ واحد. كان النور يشع في الظُلمة والظلمة لا يُمكن أن تخمد النور.

أرسل الله رجل يُدعى يوحنا، الذي أتى ليخبر عن النور وليقود الناس ليؤمنوا. لم يكُن يوحنا هو النور. لقد أتى فقط ليخبر عن النور.

كان النور الحقيقي الذي يُضيء لكل واحد آتيًا إلى العالم.

كان الكلمة في العالم، ولكن لم يكُن أحد يعرفه، برُغم أنّ الله كان قد كوّن العالم بكلمته. جاء إلى عالمه (خاصّته)، ولكنّ أمّته لم تُرحّب به.

بعد قبول بعض الناس له وضعوا ثقتهم فيه. لذلك أعطى لهم الحق في أن يكونوا أبناء الله. لم يكونوا أبناء الله بالطبيعة أو بسبب أيّة رغبات إنسانية. كان الله نفسه هو الذي جعلهم أولاده. والكلمة صار إنسانًا (جسدًا)، وعاش معنا هنا. ورأينا مجده الحقيقي الذي يفيض بالنعمة والحق، مجد الابن الوحيد للآب.

فكّر في ....

• كيف وُصف يسوع في هذا المقطع؟
• هل رُحِب به؟
• ماذا جلب للبشريّة؟

ناقش

• يؤمن المسيحيون بأن المسيح كان أكثر من مجرد إنسان. فمن خلال يسوع، ربط الله نفسه بالبشرية جمعاء عندما جاء إلى الأرض ليعيش حياتنا. ما رأيك في هذا الاعتقاد؟
• هل جاء يسوع من أجل المسيحين فقط، أم من أجل البشرية كلها؟
• لُقّب يسوع بـــ «الكلمة» ماذا يعني هذا بالنسبة لك؟

من كلّ واحد

«فكونوا على فِكرِ المَسيحِ يَسوعَ: هوَ في صُورَةِ اللهِ، ما اعتبَرَ مُساواتَهُ للهِ غَنيمَةً لَه، بَلْ أخلى ذاتَهُ واتَّخَذَ صُورَةَ العَبدِ صارَ شَبيهًا بالبَشَرِ وظَهَرَ في صورةِ الإنسانِ. تَواضَعَ، أطاعَ حتّى الموتِ، الموتِ على الصَّليبِ. فرَفَعَهُ اللهُ أعطاهُ اسْمًا فَوقَ كُلِّ اسمٍ لتَنحَنِيَ لاسمِ يَسوعَ كُلُّ رُكبَةٍ في السَّماءِ وفي الأرضِ وتَحتَ الأرضِ ويَشهَدَ كُلُّ لِسانٍ أنَّ يَسوعَ المَسيحَ هوَ الرَّبُّ تَمجيدًا للهِ الآبِ».

(فيلبي 2: 5–11)

صلِّ، مستخدمًا يوحنا الإصحاح 1 والعدد 14

والكلمة صار بشرا وعاش بيننا، فرأينا مجده مجدا يفيض بالنعمة والحق، ناله من الآب، كابن له أوحد.

شارك يسوع البشر حياتهم: هو يفهم بعمق كل ما أمرّ به وأعيشه وأختبره.

تقدم خطوة أعمق

- اقرأ يوحنا من أصحاح 1 وحتى أصحاح 3 وأيضًا الرسالة إلى العبرانين أصحاح 4: 14 – 16

الربُّ قريب

يسوع يشعر بأولئك المرفوضين

32 **متى 25: 31 – 46**

- تكلم يسوع عن دينونة عظيمة آتية. سندان جميعنا على الطريقة التي عاملنا بها أولئك البشر الذين يعتبرون الأقل أهمية من آخرين.

أكمل يسوع حديثه قائلاً: ومتى جاء ابن الإنسان في مجده وجميع ملائكته معه، يجلس على عرشه المجيد. وتحتشد أمامه جميع الشعوب، فيفرز بعضهم عن بعض، مثلما يفرز الراعي الخراف عن الجداء.
فيجعل الخراف عن يمينه والجداء عن شماله. ويقول الملك للذين عن يمينه: «تعالوا، يا من باركهم أبـي، رثوا الملكوت الذي هيأه لكم منذ إنشاء

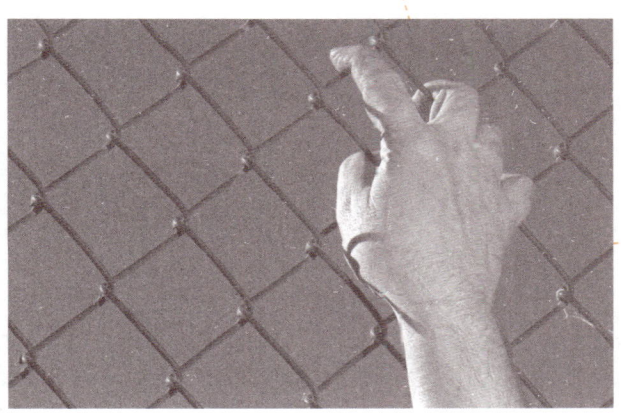

العالم. عندما كنت جائعًا أعطيتموني شيئًا لآكله، وعندما كنت عطشانًا سقيتموني. عندما كنت غريبًا، رحبتم بي ولما كنت عريانًا أعطيتموني ملابسًا لألبسها. عندما كنت مريضًا، اعتنيتم بي ولما كنت مسجونًا زرتموني».
عندئذ سأله لصالحون الذين أبهجوا الرب: «يا رب، متى أعطيناك شيئًا لتأكل أو تشرب؟ ومتى رحَّبنا بك كغريب أو أعطيناك ملابسًا لتلبس أو زرناك عندما كنت مريضًا أو في السجن؟»
فيجيبهم الملك: «كل مرة عملتم هذا لواحد من إخوتي مهما بدا أنه غير مهم، فلي عملتموه».

من كلّ واحد

ثم يقول الملك للذين عن شماله: «ابتعدوا عني يا ملاعين. اذهبوا إلى النار الأبدية المهيــأة لإبليس وأعوانه! لأني كنت جوعانًا فما أطعمتموني شيئًا لآكله، وكنت عطشانًا فما سقيتموني، كنت غريبًا، فما رحبتم بي وكنت عريانًا، فما أعطيتموني أي ملابس لألبسها. كنت مريضًا، وكنت مسجونًا فما اعتنيتم بي.
عندئذٍ سيسأله هؤلاء: «يا رب، متى فشلنا في مساعدتك عندما كنتَ جوعانًا أو عطشانًا أو غريبًا أو عريانًا أو مسجونًا». فيجيبهم الملك: «كل مرة ما عملتم هذا لواحد من إخوتي مهما بدا أنه غير مهم، فلي ما عملتموه». ثم قال يسوع: «هؤلاء سيعاقبون للأبد. لكن الصالحون الذين أبهجوا الله فلهم حياة أبدية».

فكّر في....

- **من المعني بهذه الدينونة؟**
- **اعمل قائمة تتضمن السلوكيات المختلفة التي أشاد بها الملك.**
- **لماذا اندهش اولئك المعنين بهذه الدينونة؟**

ناقش

- **ما الذي يمكن أن نتعلمه عن يسوع من هذا المقطع الكتابي؟**
- **هل من الممكن ان تساعدك هذه القصة على تغيير طريقتك في العيش مع الله ومع الأخرين؟**

صلّ، **مستخدمًا عدد 40**

«فيجيبهم الملك: الحق أقول لكم: كل مرة عملتم هذا لواحد من إخوتي هؤلاء الصغار، فلي عملتموه».
يسوع هو شقيق أولئك الذين يعيشون حياة صعبة : هو يشعر بهم ويدافع عنهم.

تقدم خطوة أعمق

- **اقرا متى من اصحاح 25 وحتى إصحاح 28**

الربُّ قريب

إنك لم تعد أجنبيًّا بعد

أنتم الذين كنتم تعيشون في العالم لا رجاء لكم وبدون إله، وكنتم بعيدين عن الله. لكن المسيح سفك دمه وقدَّم حياته ذبيحة وقرَّبَكم من الله.

قد صنع المسيح سلامًا بين اليهود والوثنين، وقد وحَّدنا وهدم حائط الكراهية الذي يفصلنا. المسيح قدَّم جسده ليلغي شريعة موسى بأحكامها ووصاياها. حتى جاء اليهود والوثنيون معًا كما لو كانا شخصًا واحدًا، وذلك عندما وحَّدنا بسلامه.

في الصليب قضى المسيح على كراهيتنا لبعضنا البعض. وقد صنع سلامًا بيننا وبين الله ووحَّد اليهود والوثنين وجعلهما جسدًا واحدًا. جاء المسيح وبشَّر بالسلام للوثنين الذين كانوا قبلاً بعيدين عن الله، وبشَّر بالسلام لنا نحن اليهود الذين كنا قريبين من الله. نستطيع جميعنا أن نأتي إلى الله الآب بنفس الروح الواحد وذلك عن طريق المسيح.

أنتم أيها الوثنيون لم تعودوا بعد غرباء وأجانب. أنتم مواطنون مع كل شخص آخر ينتمي لعائلة الله.

33 **أفسس 2 : 13- 19**

• أتى المؤمنون الجدد، في الكنيسة الأولى، من خلفيات متعددة، وهذا جعلهم يجدون العيش أمرًا صعبًا. وعلى سبيل المثال، فكَّر اليهود أنهم أفضل وأعلى مقامًا من الآخرين لأنهم شعب الله المختار.

اليوم لا تزال هناك جدران عالية تفصل فيما بين حتى المؤمنين بيسوع المسيح.

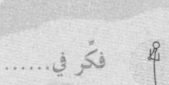

من كلّ واحد

فكّر في......

- ما هي الاختلافات بين اليهود وغير اليهود؟
- لماذا كان هناك «جدار من الكراهية» بينهما ؟
- لماذا كان الرسول بولس يُلح كثيرًا على الصليب؟
- ماذا يقول الرسول عن موت يسوع؟

ناقش

- هل تشعراليوم بأنك قريب من الله أم بعيد عنه؟
- من خبرتك الشخصية، هل شعر تقبلاً بـ «جدار من الكراهية» بينك وبين الآخرين؟
- كيف يساعد الإيمان بيسوع على تدمير هذا الجدار؟
- من هم أعضاء عائلة الله؟

صلِّ، مستخدمًا عدد **14**

«فالمسيح هو سلامنا، جعل اليهود وغير اليهود شعبًا واحدًا وهدم الحاجز الذي يفصل بينهما، المسيح قدَّم جسده............»

فقط يسوع المسيح هو من يستطيع تحطيم الكراهية التي تتركز في قلوبنا

تقدم خطوة أعمق

- اقرأ أفسس من أصحاح **1** وحتى أصحاح **3**

الربُّ قريب

صلوات

يا سيدي، إنها حقيقة أنك قريب من كل واحد منّا. أنا أعبدك وأباركك من هذه الأرض الغريبة حيث كنت قد أعددت مكانًا لي. أشكرك لأنّك كنت تدعمني في كل الأوقات والظروف.

عندما أنظر وأتذكر كيف كنت تعينني عبر الأودية والجبال والأنهار كنت وقتها أقول إنك حقًا عمانوئيل «الله معنا». وصلاتي هي أن أولادي وأولادهم وكل واحد يقرأ هذا الخطاب، يعرف أنه ليس إله آخر مثلك، يعتني بكل من يأتي إليه عند حاجته.

لقد وضعت أناسًا كرماء في طريقي عبر رحلتي، وحفظتني من الخطر، لقد غيرت ظروفًا وأحوالاً لأجلي، لقد أطعمتني رغم أنني لم أزرع شيئًا وكسوتني رغم أنني لم أنفق أي مال. وفي كل أوقات قلقي وخوفي وفشلي وإحباطي، أنت كنت دومًا هناك تهمس لي بصوتك الحنون: «لا أهملك ولا أتركك» (يشوع 1: 5)

أنت أمين كليّة. لقد صرت إنسانًا مع كونك الله لذلك فإن بمقدورك أن تقترب من أولادك. لقد عشت النفي حتى بينما كنت محمولاً على ذراعي أمك أنت قد اختبرت الجوع، أنت عانيت من عدم العدالة والظلم والخيانة حتى الموت على الصليب.

أشكرك جدًا لأنك قدمت هذه الذبيحة التي لا تصدق حتّى يكون بمقدورنا أن نصير قريبين لك.

أنا أباركك يا إلهي لأنني من الآن فصاعدًا لست غريبة. لقد وجدت مكانًا لأقيم فيه وسط شعبك. علمني يا رب أن أساعد الفقير وأن أشارك وأن أحب وأن أغفر. بارك كل أولئك الذين فتحوا أذرعهم وبيوتهم وجيوبهم ليساعدوا كل الذين لديهم احتياج.

إيفون، رواندا

من كلّ واحد

"لقد صرت إنسانًا مع كونك الله
لذلك فإن بمقدورك أن تقترب من
أولادك.
لقد عشت النفي حتى بينما كنت
محمولاً على ذراعي أمك.
أنت قد اختبرت الجوع، أنت
عانيت من عدم العدالة والظلم والخيانة
حتى الموت على الصليب."

بذلك نبتهج!

«فما أنتُم بَعدَ اليومِ غُرباءَ أو ضُيوفًا،
بَلْ أنتُم معَ القِدّيسينَ رَعِيَّةٌ واحدَةٌ
ومِنْ أهلِ بَيتِ اللهِ».

(أفسس 2: 19)

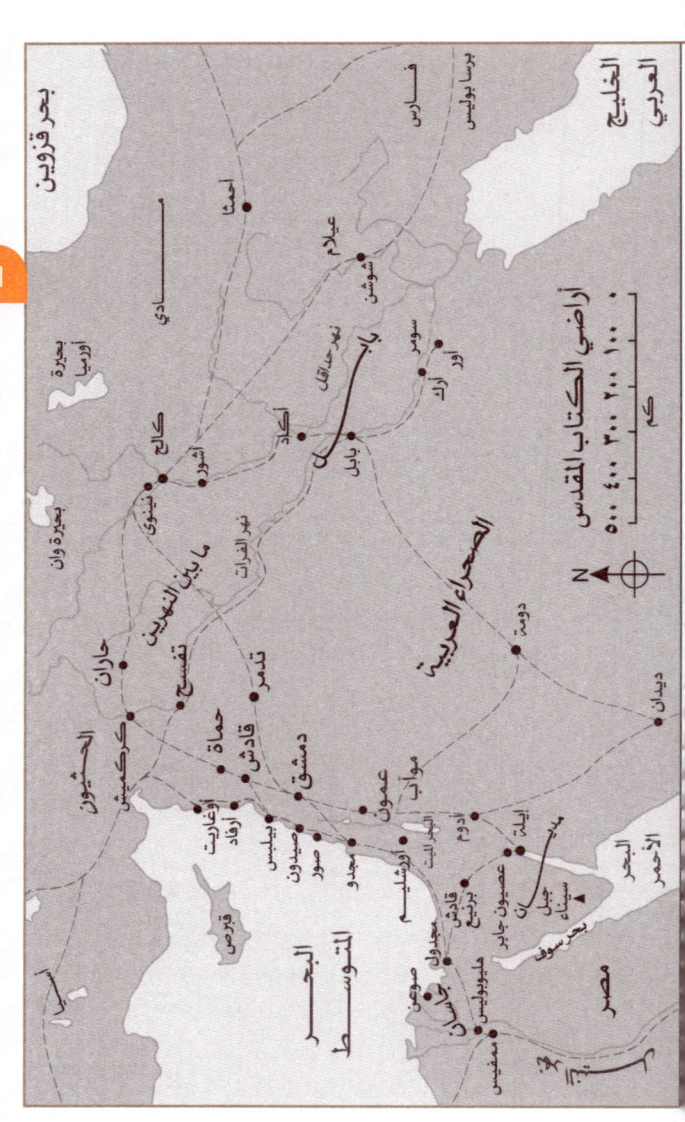

٠ ١٠٠ ٢٠٠ ٣٠٠ ٤٠٠ ٥٠٠
كم
N
نينوى
كالح
أشور
قبرص
البحر المتوسط
أكاد
بابل
عيلام
شوشن
البحر الميت
أور
برسا بوليس
الصحراء العربية
مصر
البحر الأحمر

كلمات للنُصح...

آمل أنّ هذه الرحلة من خلال الكتاب المُقدّس تكون مُشجعة لك مهما كانت ظروفك الشخصيّة.

المُشاركة مع الآخرين

إذا كنت ترغب في تعميق معرفتك بالكتاب المُقدّس، فنحن نوصي بأن تكون على اتصال مع مسيحين آخرين، الذين سيكونون قادرين على مُساعدتك.

من خلال قراءة الكتاب المُقدّس سوف تكتشف رغبة الله للاقتراب من البشر، ليُظهر لنا محبّته، وليكون دليلنا.

لقد اكتملت خطة الله للبشر بمجيء يسوع المسيح. ولقد أظهرت لنا الكلمة المقدسة أنّ يسوع وصل للناس في مختلف دروب الحياة، ولقد عمل ذلك بطريقة مُطلقة من دون أن يرفض أيّ واحد منهم. لقد كان يغفر الخطايا، ويشفي المرضى، ويُعلّم طريقًا جديدًا لعيش الحياة.

يؤمن المسيحيُّون أنّ يسوع ما زال حيًّا اليوم، وهو يُكمّل العمل من خلال الروح القدس. وهو سيُغيّر حياة كلّ من سيقبلونه وسيُقربهم من الله.

عندما نُصبح تابعين ليسوع، فإننا سنكتشف عِشْرة جديدة مع زملائنا المؤمنين الذين يُعتبرون الآن أخوتنا وأخواتنا في المسيح. فنحنُ لم نعُد بعد الآن وحدنا مع شكوكنا والصعوبات التي تُواجهنا إذ نستطيع مُشاركة مشاكلنا وصلواتنا معًا. ونستطيع مُساعدة وتشجيع بعضنا البعض.

مكافحة التحيُّز

رُبّما يوجد كثير من الناس في الدولة التي تعيش فيها حاليًا الذين هم مُتحيّزون ضدّ الأجانب. إنّ هذا يحدث في كلّ المُجتمعات بما فيهم وطنك الأم. وهذا النوع من التحيُّز كثيرًا ما يُسبّب الشعور بالرفض.

هذه بعض الأمثلة لأقوال رُبّما تكون قد سمعت عنها: «إنّ الأجانب يغزون بلدنا ويأخذون كلّ فُرص العمل»، «الأجانب يأخذون حقوقًا كثيرة جدًّا ويستفيدون بمُساندة مُجتمعنا لهُم»، «الأجانب كلهم جانحون»، «الأجانب مختلفون كثيرًا عنّا ولا يقدرون أن يتأقلموا مع ثقافتنا».

والوافدون الجُدد يُمكن أيضًا أن يتم التحيُّز ضدهم بأقوال مثل: «إنّ الناس هُنا يتصرّفون بطريقة عرقيّة»، «إن الثروة الماديّة تجعلهم أنانيّون مُتكبّرون»، «إنّهُم لا يُقدّرون الله في هذا المُجتمع»، «إنّ كبارهُم يُلاقون إهمالاً وصغارهُم لا يُطيعون آباءهُم»

إنّ وراء هذه المشاعر من التحيُّز يكمن الخوف وانعدام الثقة تجاه الناس الذين لا نعرفهم.

إنّ أفضل طريقة لمكافحة هذا التميز ضد الأجانب هي أن نخرج ونتحدّث مع بعضنا البعض، وأن نكون على استعداد للدخول في حوار بعقل مفتوح.

>

إنّ الإقامة في بلد جديد لا تعني نسيان هويتك أو ثقافتك. إنّها تعني تعلُّم كيفية احترام ثقافة أخرى، وتعني تعلُّم طرق أخرى للعيش والتفكير.

إنّ المُهاجر الوافد يجلب معه مهارات العمل التي تُؤدي إلى ازدهار البلد المُضيف، وهُم يجلبون معهُم أيضًا غنى ثقافتهم.

الاتصال بالمُنظّمات المُتخصصة للمُهاجرين

هناك العديد من المشاكل عندما يتعلق الأمر بالتكامُل والاعتماد على البلد المضيف. فالقوانين التي تتعلّق بالمُهاجرين من المُمكن أن تكون مُقيدّة جدًّا. إذا كنت تجد صعوبة في إضفاء الشرعيّة على الوضع الخاص بك أو الحصول على أوراقك، أو إذا كنت تُعاني من مشاكل في مجالات الصحة أو السكن أو العمل، فنحن ننصحك بأن تتّصل بالمُنظمات التي تتخصّص في قضايا المُهاجرين. هناك واحدة في كلّ مدينة رئيسيّة.

إنّ المستشارين سيعطونكم وقتًا للاستماع إليكم. وسيكونون قادرين على أن يُساعدونكم ويشرحون لكم ما هي حقوقكم.

لمزيد من المعلومات، يرجى الاتصال بنا على العنوان التالي:

ملاحظات شخصية